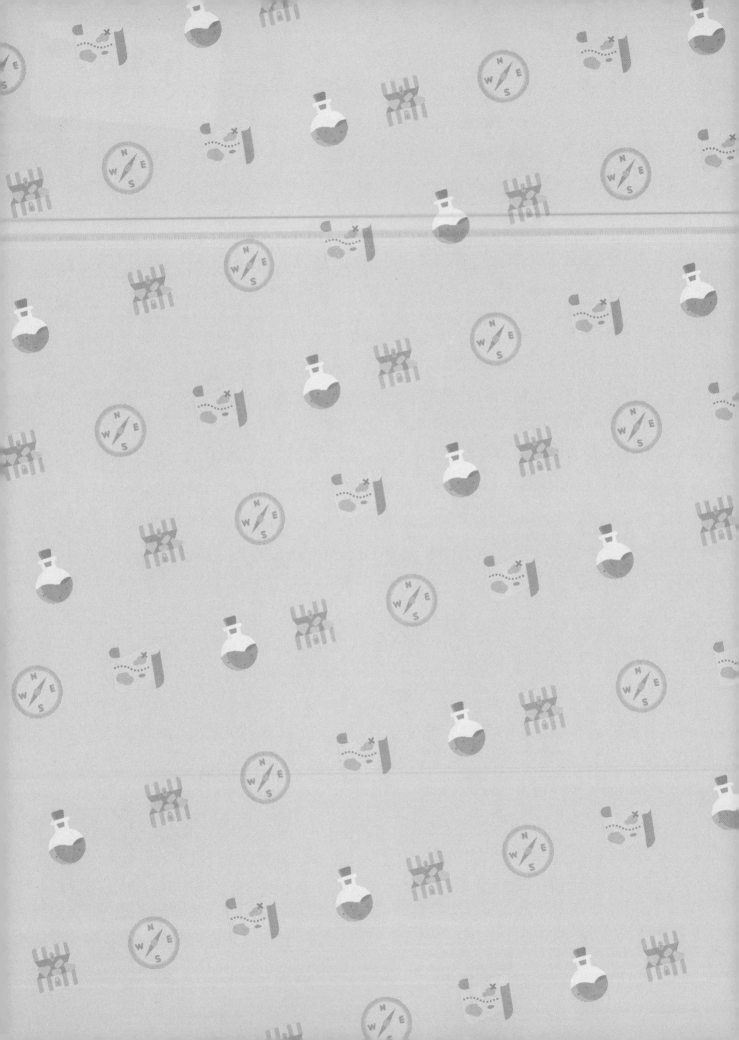

오! 놀라운

초등국어 문법왕

신수정 지음

다다북스

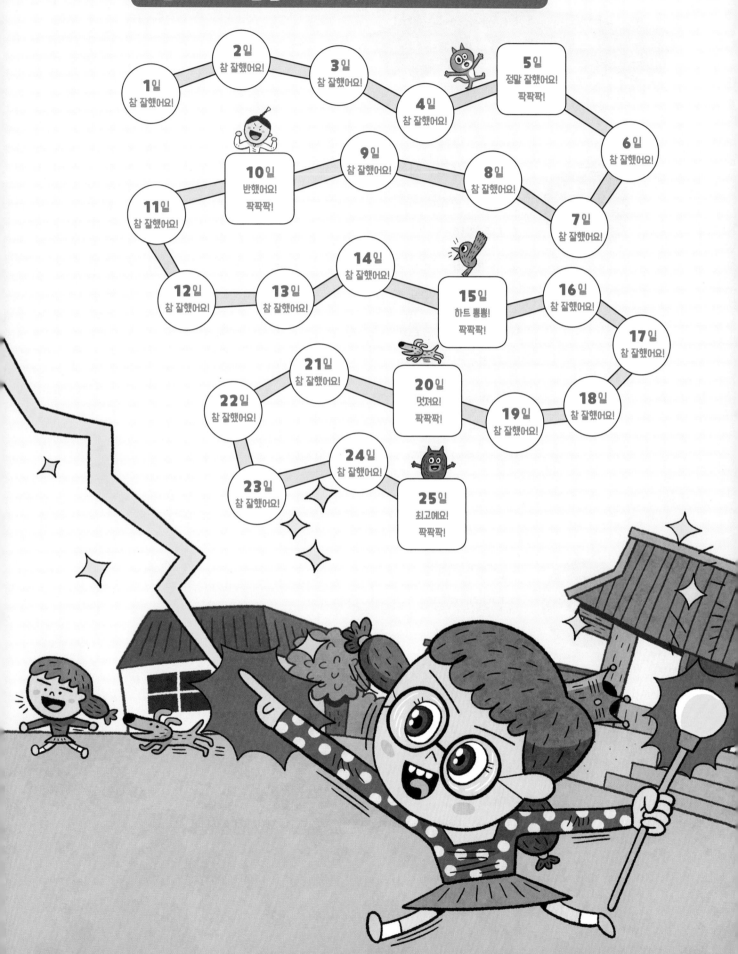

오! 놀라운 스티커를 붙여 칭찬해 주세요. (스티커는 책 끝에 있습니다.)

1일
참 잘했어요!

2일
참 잘했어요!

3일
참 잘했어요!

4일
참 잘했어요!

5일
정말 잘했어요!
짝짝짝!

6일
참 잘했어요!

7일
참 잘했어요!

8일
참 잘했어요!

9일
참 잘했어요!

10일
반했어요!
짝짝짝!

11일
참 잘했어요!

12일
참 잘했어요!

13일
참 잘했어요!

14일
참 잘했어요!

15일
하트 뿅뿅!
짝짝짝!

16일
참 잘했어요!

17일
참 잘했어요!

18일
참 잘했어요!

19일
참 잘했어요!

20일
멋져요!
짝짝짝!

21일
참 잘했어요!

22일
참 잘했어요!

23일
참 잘했어요!

24일
참 잘했어요!

25일
최고예요!
짝짝짝!

목 차

이렇게 활용하세요

국어 문법 항목을 한눈에 정리하여 국어 문법 지도를 머릿속에 그릴 수 있어요.

 1단계: 문법의 기초를 술술 익혀요.

먼저 딱딱한 문법 개념을 재미있는 그림으로 만나요.
쉬운 말로 풀어 놓은 문법 개념을 꼼꼼하게 읽으며 내용을
이해해요. '문법 더하기'를 읽으며 지나칠 수 있는 개념도
놓치지 않아요.

 2단계: 배운 내용을 확인해요.

개념 이해에서 심화 단계까지 여러 단계의 문제를 풀며
배운 내용을 꼼꼼하게 확인해요.

 3단계: 개념만 콕콕 찍어 기억해요.

단원의 내용을 정리한 표를 보며, 개념을 한눈에 확인해요.
잘 모르는 부분은 참고 쪽을 바로 펼쳐 바로 확인해요.

 4단계: 심화 문제로 실력을 다져요.

개념을 고루 담은 심화 문제로 단원을 마무리해요.

 5단계: 정답과 해설로 완벽하게 이해해요.

확인문제와 이해쏙쏙 문제의 해설을 읽으며 국어 문법
개념을 꼼꼼하게 확인해요. 참고 쪽이 적혀 있어 빠르게
내용을 찾아볼 수 있어요.

 6단계: 우리말 지킴이로 거듭나요.

생활 속에 있는 우리말 이야기를 읽으며 우리말의 특징을
이해하고 진정한 우리말 사랑을 실천해요.

생활 속 문법

 초등 교과 연계로 효과적으로 공부할 수 있어요!

초등 국어 문법의 힘

문법이란 무엇일까요?

여러분은 '문법'이 무엇인지 알고 있나요? '문법'은 '말소리와 낱말, 문장 등을 쓰는 일정한 규칙'을 말해요. 어느 나라의 말이든 일정한 규칙을 가지고 있어요. 국어도 마찬가지예요. 너무 익숙해 평소에는 잘 느끼지 못하지만 우리는 국어의 단어들이 맺는 관계에 따라 말을 하고 글을 쓰고 있죠. 여러분의 머릿속에는 이미 국어 문법이 자연스럽게 자리를 잡고 있어요.

그런데 중학교에 가면 국어 문법을 공부해야 하고 시험에도 나온대요. 영어 문법을 공부하는 것만으로도 힘이 드는데 국어 문법까지 공부해야 한다니 벌써부터 머리가 아파지는 것 같아요. 국어는 외국어도 아닌데 왜 따로 문법을 공부해야 하는 걸까요?

왜 국어 문법을 공부해야 해요?

첫째, 국어 문법은 말과 글을 바르게 이해할 수 있는 힘을 길러 줘요. 국어 문법은 교과서 속에만 있는 것 같지만 늘 우리 가까이에 있어요. 우리가 재미있게 읽는 동화책의 글은 물론, 편지나 일기 등 일상 속의 모든 글에 국어 문법이 작용하고 있죠. 국어 문법은 낱말들의 관계와 문장의 구조에 이르기까지 말과 글에 관련된 규칙들을 모두 아울러요. 따라서 국어 문법을 잘 알면 일상 속에서 접하는 글 속의 낱말과 문장의 뜻을 정확히 파악하고 해석할 수 있어요.

둘째, 국어 문법은 글쓰기의 기초를 탄탄하게 만들어 줘요. 많은 친구들이 학교에서 독후감을 쓰거나 발표문을 쓸 때 어려움을 겪은 적이 있을 거예요. 어떤 낱말을 써야 할지 고민이 되기도 하고 맞춤법과 띄어쓰기도 아리송하지요. 국어 문법에서는 말소리의 규칙이나 표기의 규칙 등을 정해 놓았기 때문에 이러한 규칙들을 이해하면 맞춤법과 띄어쓰기 실수도 줄일 수 있어요.

셋째, 국어 문법은 다른 나라 말을 공부할 때도 도움이 된답니다. 국어 문법을 잘 알고 있으면 다른 나라의 말을 배울 때 규칙을 더욱 잘 이해할 수 있어요. 국어 문법과 비교하면서 차이점을 알고 응용할 수 있는 것이죠.

마지막으로 국어 문법을 공부하면 우리말을 사랑하는 마음이 커져요. 우리말 말소리에 숨은 비밀과 낱말이 만들어지는 방법, 얽히고설킨 낱말들의 관계, 아 다르고 어 다른 문장 표현들은 알면 알수록 재미있죠. 처음에는 낯선 단어들이 많이 나와서 복잡하고 어렵게 느껴질지도 몰라요. 하지만 게임을 하는 것처럼 한 장 한 장 공부해 나가다 보면 어느덧 머릿속에는 문법 지도가 쓱쓱 그려지고, 마음속에는 국어를 아끼고 사랑하는 마음이 한 뼘 더 자라 있을 거예요.

제1장 음운

국어 말소리의 원리와 규칙을 이해해요

'입'과 '잎'을 각각 소리 내어 읽어 보면 둘 다 [입]이라고 소리가
나요. 글자의 모양은 다른데 왜 같은 소리가 날까요?
그것은 국어 말소리의 규칙 때문이에요.
평소에 말을 할 때는 잘 느끼지 못하지만 우리말에는
여러 가지 말소리의 규칙들이 작용하고 있어요.
국어 말소리의 원리와 규칙을 이해하면 아나운서처럼
올바르게 우리말을 발음할 수도 있고 맞춤법 실수도
줄일 수 있어요.

우리말 나라의
음운 보물 지도!

음운 섬에서 국어 말소리에
숨겨진 비밀을 찾아라!

사잇소리
현상

음운의
탈락

음운의
축약

모음 조화 /
모음 동화

자음 동화

구개음화

음운

음절

★ 실제 말소리와 표기법은
왜 다른 걸까?

★ 자음과 모음에도 종류가 있다?

★ 자음과 모음마다 소리 나는
위치가 다르다고?

1. 음운과 음절 / 자음과 모음

외국인 친구가 시장에 심부름을 갔다가 물건을 사는 데 문제가 생긴 모양이에요. 가게 주인 아주머니가 친구의 말을 잘 알아듣지 못한 이유는 무엇이라고 생각하나요? 그것은 바로 외국인 친구가 음운을 정확히 구별해서 말을 하지 못했기 때문이에요. 음운이란 무엇인지 지금부터 알아봐요.

1. 음운

<u>음운</u>(말소리)은 말의 뜻을 구별해 주는 소리의 가장 작은 단위예요. 국어의 음운이라고 하면 보통 **자음과 모음**을 가리켜요.

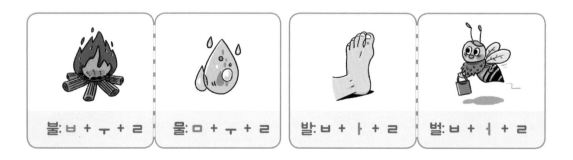

'불/물'은 자음인 'ㅂ, ㅁ'의 차이로 말의 뜻이 달라졌어요. 모음도 마찬가지예요. '발/벌'은 모음인 'ㅏ, ㅓ'의 차이로 말의 뜻이 완전히 달라졌어요. 이렇게 말의 첫소리, 가운뎃소리, 끝소리 중 하나만 달라져도 말의 뜻이 구별되는데, 이처럼 글자를 이루는 낱낱의 소리가 바로 음운인 것이지요.

자음과 모음과 더불어 '**말소리의 길이**'도 음운에 해당해요. 짧은 소리로 소리 내는지 긴 소리로 소리 내는지에 따라 뜻이 달라지지요. 긴 소리는 보통 단어의 첫 글자에서 나타나는데, 뉴스에 나오는 아나운서의 말에 귀 기울여 보세요. 같은 말이라도 어떤 뜻으로 쓰이는지에 따라 길고 짧게 발음하는 것을 알 수 있어요.

짧은 소리	긴 소리	짧은 소리	긴 소리
[눈]	[눈ː]	[밤]	[밤ː]

또한 '**말소리의 높낮이**'는 말하는 사람의 기분이나 태도를 구별할 수 있게 도와주는 역할을 해요.

예   지금 밥 먹어. (→)   높낮이의 변화가 없어 단순한 사실을 이야기하고 있다는 것을 알 수 있어요.

지금 밥 먹어? (↗)   끝을 살짝 올린 것을 통해 질문을 하고 있다는 것을 알 수 있어요.

2. 분절 음운과 비분절 음운

음운에는 '자음과 모음', '말소리의 길이', '말소리의 높낮이'가 있었지요. 이러한 음운은 소리를 도막 낼 수 있는지 없는지에 따라 **'분절 음운'**과 **'비분절 음운'**으로 나뉘어요. 분절이란, '하나로 붙어 있던 것을 몇 개로 나눈다'는 뜻으로, **'분절 음운'**은 자음과 모음처럼 첫소리, 가운뎃소리, 끝소리로 나눌 수 있는 것(=분절할 수 있는 것)을 말하고, **'비분절 음운'**은 말소리의 길이나 높낮이와 같이 나눌 수 없는 것(=분절할 수 없는 것)을 말해요.

3. 음절

음절은 발음할 때 한 번에 낼 수 있는 소리의 단위를 뜻해요. 국어의 음절은 '모음', '모음+자음', '자음+모음', '자음+모음+자음'의 4가지 형태로 나타나고, 음절을 만들기 위해서는 반드시 '모음'이 필요해요. 즉, 음절의 수는 모음의 수와 같은 것이죠. 예를 들어 '눈이 내린다'라는 문장을 소리 나는 대로 적으면 [누니내린다]가 되고, 음절은 '누, 니, 내, 린, 다'의 5개가 돼요.

음절의 구성 형태

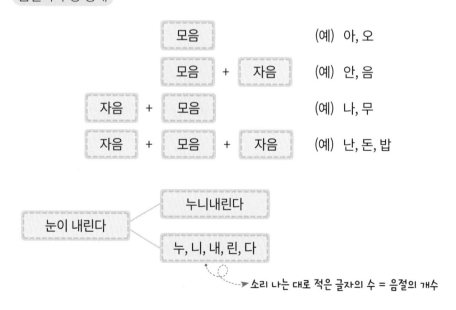

14

4. 자음

자음은 '소리를 낼 때 목 안 또는 입안에서 방해를 받으면서 나는 소리'를 뜻해요. 소리를 낼 때에 소리가 혀나 목구멍 등에 부딪쳐 고유의 소릿값을 가지게 되는 것이죠. 국어에는 모두 19개 자음이 있어요. 자음은 (1) 소리 나는 위치, (2) 소리를 내는 방법, (3) 소리의 세기에 따라서 종류가 나누어져요.

(1) 소리 나는 위치에 따라

입술소리	두 입술에서 나는 소리	ㅂ, ㅃ, ㅍ, ㅁ
잇몸소리	혀끝이 윗잇몸에 닿아서 나는 소리	ㄷ, ㄸ, ㅌ, ㅅ, ㅆ, ㄴ, ㄹ
센입천장소리	혓바닥과 센입천장 사이에서 나는 소리	ㅈ, ㅉ, ㅊ
여린입천장소리	혀의 뒷부분과 여린입천장 사이에서 나는 소리	ㄱ, ㄲ, ㅋ, ㅇ
목청소리	목청 사이에서 나는 소리	ㅎ

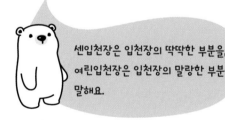

센입천장은 입천장의 딱딱한 부분을, 여린입천장은 입천장의 말랑한 부분을 말해요.

(2) 소리를 내는 방법에 따라(목청이 울리는지 아닌지)

울림소리	발음할 때 목청의 울림이 있는 소리	ㅁ, ㄴ, ㅇ → 비음(콧소리) ㄹ → 유음(흐름소리)
안울림소리	발음할 때 목청의 울림이 없는 소리	울림소리를 뺀 나머지 자음

(3) 소리의 세기에 따라

예사소리	목구멍을 긴장하지 않아 약하게 터져 나오는 소리	ㄱ, ㄷ, ㅂ, ㅈ, ㅅ
된소리	목구멍이 근육을 긴장하여 내어 예사소리보다 더 강하고 단단한 느낌의 소리	ㄲ, ㄸ, ㅃ, ㅆ, ㅉ
거센소리	공기를 막았다가 터뜨리면서 거세게 내어 된소리보다 더 크고 거친 느낌의 소리	ㅋ, ㅌ, ㅍ, ㅊ

입술 앞에 휴지를 대고
[빠]와 [파]를 소리 내어 보세요.
[파]를 소리 낼 때 휴지가 더 많이
펄럭일 거예요.

5. 모음

모음은 '소리를 낼 때 목 안 또는 입안에서 방해를 받지 않고 나는 소리'로 자음 없이도 혼자 소리 날 수 있어요. 국어에는 모두 21개 모음이 있지요. 이러한 모음은 발음하는 동안 혀의 위치나 입술 모양이 바뀌는지 아닌지에 따라 (1) 단모음과 (2) 이중 모음으로 나뉘어요.

(1) 단모음(10개)

발음하는 도중에 혀의 위치나 입술 모양이 바뀌지 않아요. **단모음**에는 'ㅏ, ㅐ, ㅓ, ㅔ, ㅗ, ㅚ, ㅜ, ㅟ, ㅡ, ㅣ'가 있어요. 단모음은 다시 한번 ① 입술 모양, ② 혀의 높낮이, ③ 혀의 최고점의 위치에 따라서 종류가 나누어져요.

③ 혀의 최고점의 위치	전설 모음 (혀의 최고점이 앞에 있을 때 나는 소리)		후설 모음 (혀의 최고점이 뒤에 있을 때 나는 소리)	
① 입술 모양	평순 모음 (평평한 입술 모양)	원순 모음 (둥근 입술 모양)	평순 모음 (평평한 입술 모양)	원순 모음 (둥근 입술 모양)
② 혀의 높낮이 고모음(높음)	ㅣ	ㅟ	ㅡ	ㅜ
② 혀의 높낮이 중모음(중간)	ㅔ	ㅚ	ㅓ	ㅗ
저모음(낮음)	ㅐ		ㅏ	

(2) 이중 모음(11개)

발음하는 도중에 혀의 위치나 입술 모양이 바뀌어요. **이중 모음**에는 'ㅑ, ㅒ, ㅕ, ㅖ, ㅘ, ㅙ, ㅛ, ㅝ, ㅞ, ㅠ, ㅢ'가 있어요. 거울을 보며 '의'라는 단어를 천천히 소리 내어 읽어 보세요. 처음에는 'ㅡ'였던 입모양이 'ㅣ'로 바뀌는 것을 알 수 있어요.

1 다음 내용 중 옳은 것에는 ○표, 옳지 않은 것에는 ×표 하세요.

(1) 음운은 말의 뜻을 구별해 주는 소리의 가장 큰 단위이다.   (   )

(2) 소리의 길이와 높낮이도 음운에 해당한다.   (   )

(3) 음절을 만들기 위해서는 반드시 자음이 필요하다.   (   )

2 다음을 읽고 빈칸에 알맞은 말을 써 보세요.

> (㉠)은 소리를 낼 때에 목 안 또는 입안에서 방해를 받으면서 나오는 소리이고,
> (㉡)은 소리를 낼 때 목 안 또는 입안에서 방해를 받지 않고 나오는 소리이다.

㉠ (   )   ㉡ (   )

3 <보기>와 같이 단어에서 뜻을 구별해 주는 음운을 각각 찾아서 써 보세요.

보기	가다 – 자다 ➡ (ㄱ, ㅈ) 별 – 벌 ➡ (ㅕ, ㅓ)

(1) 달 – 탈 ➡ (   )   (2) 낳다 – 놓다 ➡ (   )

4 <보기>와 같이 주어진 단어를 음운으로 나누어 써 보세요.

보기	학교 ➡ ㅎ, ㅏ, ㄱ, ㄱ, ㅛ

(1) 과자 ➡ (   )   (2) 참외 ➡ (   )

(3) 별빛 ➡ (   )

5 <보기>에서 된소리와 거센소리를 각각 찾아 써 보세요.

보기	ㄷ ㅂ ㅅ ㅆ ㅍ ㄸ ㅊ ㅌ

(1) 된소리: (   )   (2) 거센소리: (   )

6 다음 중 같은 소리인 것을 모두 찾아 ◯표 하세요.

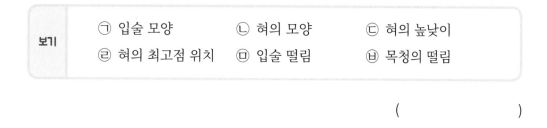

(1)
ㅂ	ㄸ	ㄱ	ㅃ
ㅍ	ㅁ	ㅎ	ㅅ

(입술소리)

(2)
ㅈ	ㅋ	ㅁ	ㄴ
ㅇ	ㄸ	ㄱ	ㄹ

(울림소리)

7 다음 중 모음을 나누는 기준이 되는 것을 모두 찾아 기호를 써 보세요.

보기	㉠ 입술 모양 ㉡ 혀의 모양 ㉢ 혀의 높낮이
	㉣ 혀의 최고점 위치 ㉤ 입술 떨림 ㉥ 목청의 떨림

(   )

8 다음 모음을 소리 낼 때 입술 모양에 따라 나누어 써 보세요.

보기	ㅣ ㅟ ㅜ ㅔ ㅚ ㅏ ㅗ ㅓ ㅡ ㅐ

(1) 입술이 동그랗게 되는 모음 ➡ (   )

(2) 입술이 평평하게 되는 모음 ➡ (   )

2. 음절의 끝소리 규칙

1. 음운 변동

친구들은 받아쓰기를 할 때 무엇이 가장 힘들었나요? 아마 많은 친구들이 '받침이요!'라고 말했을 것 같은데요. 받아쓰기를 할 때 선생님이 들려주시는 소리와 받침이 달라서 틀렸던 경험이 있을 거예요. 그런데 왜 실제 소리와 받침이 달랐던 것일까요? 그 이유를 알아보기 위해 아래의 단어를 소리 내어 읽어 봐요.

여러분이 읽은 것처럼 '빗, 빚, 빛' 이 세 단어는 모두 [빋]으로 소리 나요. 이처럼 받침이 다른데 같은 소리가 나는 것은 국어에서 음절의 끝소리(받침)에 오는 자음은 자신의 소릿값을 다 낼 수 없기 때문이에요.

그래서 발음을 편하게 하기 위해 음절의 끝소리에서 발음할 수 있는 7개의 자음을 정했는데요, 그것이 바로 'ㄱ, ㄴ, ㄷ, ㄹ, ㅁ, ㅂ, ㅇ'의 7개의 대표음이에요. 이외에 다른 자음이 오면 이 7개 중 하나의 자음으로 바뀌어 발음이 되죠. 즉, '음절의 끝소리 규칙'이란, 우리말의 음절 끝소리가 'ㄱ, ㄴ, ㄷ, ㄹ, ㅁ, ㅂ, ㅇ'의 7개 대표음 중 하나로 발음되는 현상을 말하고, 음절의 끝소리 규칙처럼 어떤 말의 발음이 조건에 따라 달라지는 현상을 '음운 변동'이라고 해요.

2. 음절 끝소리의 발음

그렇다면 음절 끝소리에 오는 여러 가지 자음들을 어떻게 발음하면 될까요? 음절 끝소리를 정리해 놓은 표를 보면서 같이 연습해 봐요.

ㄱ, ㄲ, ㅋ	[ㄱ]	· 수학[수학] · 밖[박] · 부엌[부억]
ㄴ	[ㄴ]	· 운[운]
ㄷ, ㅌ, ㅅ, ㅆ, ㅈ, ㅊ, ㅎ	[ㄷ]	· 곧[곧] · 밭[받] · 낫[낟] · 낫다[낟따] · 있다[읻따] · 낮[낟] · 낯[낟] · 히읗[히은]
ㄹ	[ㄹ]	· 말[말]
ㅁ	[ㅁ]	· 감[감]
ㅂ, ㅍ	[ㅂ]	· 밥[밥] · 잎[입]
ㅇ	[ㅇ]	· 공[공]

3. 겹받침일 때 음절의 끝소리 규칙

우리말에는 한 개의 자음으로 이루어진 받침도 있지만 두 개의 자음으로 된 겹받침도 있지요. 그렇다면 음절의 끝이 겹받침일 때는 음절의 끝소리 규칙이 어떻게 적용될까요?

먼저 겹받침에는 'ㄳ, ㄵ, ㄶ, ㄺ, ㄻ, ㄼ, ㄽ, ㄾ, ㄿ, ㅀ, ㅄ'이 있는데 두 자음 중 (1) 앞의 자음으로 소리 나는 것과 (2) 뒤의 자음으로 소리 나는 것, 그리고 (3) 상황에 따라 다르게 소리 나는 것이 있어요.

(1) 앞의 자음으로 소리 나는 것

예 · ㄳ: 몫[목]   · ㄵ: 앉다[안따]   · ㄶ: 많다[만타]
    · ㄽ: 외곬[외골]   · ㄾ: 핥다[할따]   · ㅀ: 잃다[일타]   · ㅄ: 값[갑]

(2) 뒤의 자음으로 소리 나는 것

예 · ㄻ: 삶[삼]   · ㄿ: 읊다[읍따]

(3) 상황에 따라 다르게 소리 나는 것

예 · ㄺ: 읽다[익따], 맑다[막따] → 'ㄺ'은 주로 [ㄱ]으로 소리 남.
      읽고[일꼬], 맑고[말꼬] → 'ㄱ' 앞에서 [ㄹ]로 소리 남.

    · ㄼ: 넓다[널따], 짧다[짤따] → 'ㄼ'은 주로 [ㄹ]로 소리 남.
      (예외) 밟다[밥따], 밟고[밥꼬], 밟지[밥찌]
         ↳ '밟'은 뒤에 자음을 만나면 [ㅂ]으로 소리 남.

'넓죽하다', '넓 둥글다', '넓적 하다'의 '넓'도 [넙]으로 소리 나요!

겹받침의 발음이 이렇게나 다양하다니 복잡하게 느껴지기도 할 거예요. 그런데 음절 끝소리에는 7개의 자음만 올 수 있는데 왜 이렇게 다양한 받침이 쓰이는 것일까요? 그것은 받침이 단어의 옛날 모습을 보여 주기 때문이에요. 말은 시간이 지나면서 모양도 소리도 변화를 겪게 되는데, 받침을 통해 단어의 옛날 모습과 소리를 추측할 수 있는 것이죠. 이제 우리말 음절의 끝소리에서 받침이 어떻게 발음되는지 알았으니 평소에도 정확한 발음으로 말하는 습관을 들인다면 더욱 좋겠죠?

1 다음 내용 중 옳은 것에는 ○표, 옳지 않은 것에는 ×표 하세요.

(1) 모든 겹받침은 앞의 자음으로만 소리 난다. ( )

(2) 음절 끝에서 소리 나는 자음을 정한 것은 표기를 쉽게 하기 위해서이다. ( )

(3) 음절의 끝에 받침으로 특정한 자음만이 오는 규칙을 음절의 끝소리 규칙이라고 한다.

( )

2 다음 중 음절의 끝소리에 올 수 있는 자음을 모두 찾아 써 보세요.

보기	ㄱ ㅁ ㄷ ㄴ ㅋ ㄲ ㄹ ㅆ
	ㅅ ㅇ ㅊ ㅂ ㅌ ㅈ ㅎ ㅍ

( )

3 밑줄 친 음절의 끝소리로 알맞은 것을 빈칸에 쓰세요.

(1) 수박 ➡ ( )   (2) 낮잠 ➡ ( )

4 다음 단어의 발음으로 옳은 것을 찾아 ○표 하세요.

(1) 돛단배   ㉠ [돋딴배]   ㉡ [돗딴배]

(2) 곪다   ㉠ [골따]   ㉡ [곰따]

5 다음 단어의 바른 발음을 써 보세요.

(1) 바깥 ➡ [ ]   (2) 옷감 ➡ [ ]

(3) 부엌 ➡ [ ]   (4) 짧다 ➡ [ ]

🎡 3. 자음 동화

1. 자음 동화

여러분은 친한 친구와 놀다가 나와 친구의 닮은 모습을 발견한 적이 있나요? 친구와 함께 지내다 보면 서로 영향을 주고받기 때문에 모습이 닮아가고는 하는데, 이러한 현상은 친구 사이뿐만 아니라 우리말에서도 일어난다고 해요.

'난로'라는 단어를 읽어 보세요. 앞 음절의 끝소리는 ㄴ 받침인데 [날로]로 발음이 되죠. 그 이유는 바로 가까이 있는 두 음운(자음)이 서로 닮게 되었기 때문이에요. 이와 같이 앞 음절의 끝 자음이 뒤 음절의 첫 자음과 만나 한쪽이나 양쪽 모두 비슷하거나 같은 소리로 바뀌는 현상을 '자음 동화'라고 불러요. '동화'란 같아진다는 뜻이죠.

자음 동화의 예를 몇 개 더 살펴볼까요?

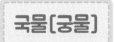 앞 음절의 끝소리 'ㄱ'이 뒤 음절의 첫소리인 'ㅁ'의 영향으로 [ㅇ]으로 바뀌었어요.

 뒤 음절의 첫소리 'ㄴ'이 앞 음절의 끝소리 'ㄹ'의 영향으로 [ㄹ]로 바뀌었어요.

 앞 음절의 끝소리 'ㄱ'과 뒤 음절의 첫소리인 'ㄹ'이 서로 영향을 주고받아서 각각 [ㅇ]과 [ㄴ]으로 바뀌었어요.

2. 자음 동화의 규칙과 종류

자음 동화에는 일정한 규칙이 있어요. 자음 동화의 규칙을 따르지 않는 예외 단어들도 있지만 대부분의 단어는 이 규칙을 따르지요. 단어를 또박또박 발음하면서 읽어 보세요.

ㄱ, ㄷ, ㅂ + ㄴ, ㅁ	→ [ㅇ, ㄴ, ㅁ]	· 국물 →[궁물] · 닫는다 →[단는다] · 밥물 →[밤물]
ㄱ, ㄷ, ㅂ + ㄹ	→ [ㅇ, ㄴ, ㅁ] + [ㄴ]	· 국립 →[궁닙] · 몇 리 →[멷리→면니] · 협력 →[혐녁]
ㅁ, ㅇ + ㄹ	→ [ㅁ, ㅇ] + [ㄴ]	· 침략 →[침냑] · 강릉 →[강능]
ㄹ + ㄴ	→ [ㄹ] + [ㄹ]	· 칼날 →[칼랄] · 하늘나라 →[하늘라라]
ㄴ + ㄹ	→ [ㄹ] + [ㄹ]	· 신라 →[실라] · 난로 →[날로]

'몇 리'는 음절의 끝소리 규칙이 적용된 후에 자음 동화가 이루어졌어요.

한자어에 '란, 량, 력, 론, 료, 례, 령' 등이 붙은 말들은 자음 동화의 규칙을 따르지 않아요.
예) 입원료[이붠뇨]

또한 자음 동화는 (1) 자음이 바뀌는 방향과 (2) 자음이 바뀌는 정도에 따라서 종류를 나누어 볼 수 있는데 소리를 내어 읽어 보면 더욱 쉽게 이해할 수 있어요.

자음이 바뀌는 정도에 따라	앞뒤의 자음이 같은 소리로 바뀌는 경우	· 밥물[밤물]
	앞뒤의 자음이 비슷한 소리로 바뀌는 경우	· 왕릉[왕능]
자음이 바뀌는 방향에 따라	앞의 자음이 바뀌는 경우	· 밥물[밤물]
	뒤의 자음이 바뀌는 경우	· 칼날[칼랄]
	앞뒤의 두 자음이 모두 바뀌는 경우	· 독립[동닙]

자음 동화는 소리에 관한 것으로, 표기에는 반영되지 않아요.

1 다음을 읽고 빈칸에 알맞은 말을 써 보세요.

> 앞 음절의 끝 자음이 뒤 음절의 첫 자음과 만나 한쪽이나 양쪽 모두 비슷하거나
> 같은 소리로 바뀌는 현상을 (   )라고 한다.

(   )

2 다음 중 단어의 발음이 바른 것에는 ○표, 바르지 않은 것에는 ×표 하세요.

(1) 설날[설랄] (   )　　　　　　(2) 백로[뱅노] (   )

(3) 협력[혐력] (   )　　　　　　(4) 밥물[반물] (   )

3 <보기>와 같이 자음 동화가 일어나는 과정을 써 보세요.

보기	칼날[칼랄] ➡ (ㄹ) + (ㄴ) → (ㄹ) + (ㄹ)

(1) 닫는다[단는다] ➡ (   ) + (   ) → (   )

(2) 침략[침냑] ➡ (   ) + (   ) → (   ) + (   )

4 다음 단어의 바른 발음을 찾아 선으로 이으세요.

(1) 앞날　·
　　　　　　　　　　　　　　　· ㉠ [압날]
　　　　　　　　　　　　　　　· ㉡ [암날]

(2) 독립　·
　　　　　　　　　　　　　　　· ㉠ [독닙]
　　　　　　　　　　　　　　　· ㉡ [동닙]

5 다음 내용 중 옳은 것에는 ○표, 옳지 않은 것에는 ×표 하세요.

(1) 모든 자음 동화는 앞 음절의 끝 자음이 바뀐다.   (   )

(2) 앞 음절의 끝소리 'ㄴ'과 뒤 음절의 첫소리 'ㄹ'이 만나면 'ㄴ'이 'ㄹ'로 바뀐다.   (   )

6 <보기>와 같이 앞뒤의 자음이 같은 소리로 바뀐 것은 '같', 비슷한 소리로 바뀐
것은 '비'라고 써 보세요.

보기	하늘나라[하늘라라] ➡ (**같**)

(1) 국립[궁닙] ➡ (   )

(2) 난로[날로] ➡ (   )

(3) 가을날[가을랄] ➡ (   )

(4) 국물[궁물] ➡ (   )

7 다음 단어의 바른 발음을 써 보세요.

(1) 종로 ➡ [   ]

(2) 급류 ➡ [   ]

4. 구개음화

친구가 가족들과 함께 바닷가로 여행을 다녀온 소감을 이야기하는데 어쩐지 어색하게 들려요. 친구의 이야기를 들으면서 무엇 때문에 어색하게 들리는지 먼저 생각해 보세요.

이번에 가족들과 바닷가에서
해도디를 보고 왔어.
다 가티 해를 보며 소원도 빌고
맛있는 밥도 먹어서
참 좋았어.

어디가 어색한지 눈치챘나요? 네, 맞아요. '해돋이'를 [해도디], '같이'를 [가티]라고 잘못 발음했네요. 바른 발음은 [해도지]와 [가치]예요. 어라? 그런데 이상하네요? '해돋이'와 '같이'는 '이'로 끝나는데 왜 [해도지]와 [가치]라고 읽히는 걸까요?

1. 구개음화

그것은 바로 '구개음화'라고 하는 음운 변동 현상 때문이에요. **구개음화**는 음절의 끝소리 'ㄷ, ㅌ'이 모음 'ㅣ'를 만나 [ㅈ], [ㅊ]으로 바뀌어 소리 나는 현상을 말해요. 'ㅈ, ㅊ'과 같이 혓바닥과 센입천장 사이에서 나는 소리를 한자어로 구개음이라고 하는데, 즉, 구개음화란 구개음이 아닌 'ㄷ, ㅌ'이 'ㅣ' 모음과 함께 쓰여 'ㅈ, ㅊ'으로 소리가 바뀐다는 뜻이죠. 다른 말로 '입천장 소리되기'라고도 하는데, 구개음화도 발음을 편하게 하기 위한 음운 변동 중의 하나예요.

구개음화의 예를 몇 가지 더 살펴보도록 해요. 예시 단어들도 소리 내어 읽어 보세요.

㉠ ㄷ + ㅣ	→ [지]	· 굳이 → [구지]　　· 맏이 → [마지]
㉡ ㅌ + ㅣ	→ [치]	· 밭이 → [바치]　　· 낱낱이 → [난나치]
㉢ ㄷ + 히	→ [티] → [치]	· 닫히다 → [다티다] → [다치다]

㉠ 음절의 끝소리 'ㄷ'이 모음 'ㅣ'를 만나서 [지]로 바뀌었어요. 앞 음절의 끝소리 'ㄷ'이 뒤 음절의 첫소리로 옮겨 가면서 모음 'ㅣ'의 영향을 받아 [ㅈ]으로 소리 난 것이지요.

㉡ 음절의 끝소리 'ㅌ'이 모음 'ㅣ'를 만나서 [치]로 바뀌었어요. 이 또한 앞 음절의 끝소리 'ㅌ'이 뒤 음절의 첫소리로 옮겨 가면서 모음 'ㅣ'의 영향으로 [ㅊ]으로 소리가 바뀐 거예요.

㉢ '닫'의 끝소리 'ㄷ'이 뒤에 있는 'ㅎ'의 영향으로 먼저 거센소리인 [ㅌ]으로 바뀌었다가 'ㅣ'의 영향으로 다시 [ㅊ]으로 바뀌어 소리 나게 되었어요.

구개음화된 것은 표준 발음으로 인정하지만, 글로 쓸 때에는 원래 표기대로 적어야 한다는 것도 함께 기억해 두세요.

2. 구개음화의 예외

음절의 끝소리 'ㄷ, ㅌ'과 모음 'ㅣ'가 만난다고 해서 모두가 다 구개음화가 일어나는 것은 아니에요. 의미를 가지고 혼자서 쓰일 수 있는 한 단어이거나 실제적인 뜻을 가지고 있는 말과 합쳐질 때에는 소리가 바뀌지 않아요.

예　· 잔디[잔디]　　· 견디다[견디다]

1 다음 내용 중 옳은 것에는 ○표, 옳지 않은 것에는 ×표 하세요.

(1) 구개음화가 일어난 발음은 표준 발음으로 인정된다. ( )

(2) 구개음화 현상이 일어나는 단어는 소리 나는 대로 적어야 한다. ( )

2 다음을 읽고 빈칸에 알맞은 말을 써 보세요.

> 음절의 끝(받침) (㉠), (㉡)이 모음 (㉢)를 만나 [ㅈ], [ㅊ]으로 바뀌어 소리 나는 현상을 구개음화라고 한다.

㉠ ( )   ㉡ ( )   ㉢ ( )

3 밑줄 친 단어를 바르게 발음한 것을 찾아 선으로 이으세요.

(1) 나는 삼 형제 중 맏이이다.   ·

· ㉠ [마디]
· ㉡ [마지]

(2) 구름이 걷히고 해가 나왔다.   ·

· ㉠ [거치고]
· ㉡ [걷이고]

4 밑줄 친 단어의 바른 발음을 써 보세요.

(1) 농부들이 가을걷이를 준비한다.   ➡ [   ]

(2) 우리 다 같이 동물원에 놀러 가자.   ➡ [   ]

5 <보기>와 같이 발음할 때 구개음화가 일어나는 말을 찾고 발음을 써 보세요.

보기	장맛비에 처마에 달린 물받이의 물이 넘쳤다.
	➡ 구개음화가 일어나는 말: (**물받이**) 발음: [**물바지**]

(1) 동생이 종이에 물감을 묻히며 놀고 있다.

       ➡ 구개음화가 일어나는 말: (　　　　　) 발음: [　　　　　]

(2) 방 안을 샅샅이 뒤져서 숨어 있던 동전을 찾았다.

       ➡ 구개음화가 일어나는 말: (　　　　　) 발음: [　　　　　]

6 다음 중 구개음화가 일어나는 말에는 ○표, 일어나지 않는 말에는 ×표 하세요.

(1) 굳이 ➡ (　　　)　　　　　(2) 디디다 ➡ (　　　)

(3) 잔디 ➡ (　　　)　　　　　(4) 닫히다 ➡ (　　　)

7 다음 밑줄 친 단어의 바른 발음을 찾아 ○표 하세요.

(1) 탐정은 범인이 한 일을 낱낱이 밝혔다.　　㉠ [낟나티]　　㉡ [난나치]

(2) 친구가 얼굴을 굳히고 고민을 하고 있다.　　㉠ [구치고]　　㉡ [굳티고]

5. 모음 조화 / 모음 동화

1. 모음 조화

그림 속 친구들의 모습이 흉내 내는 말로 표현되어 있네요. 한 친구는 '알록달록' 예쁜 색의 옷을 입고 있고 다른 친구는 신나게 물감 놀이를 하다가 옷이 '얼룩덜룩'해지고 말았어요. 그런데 참 재미있네요. 두 단어는 모음 하나만 차이날 뿐인데 '알록달록'은 밝고 가벼운 느낌이 들고, '얼룩덜룩'은 어둡고 무거운 느낌이 들어요. 왜 그런 느낌이 드는 것일까요?

그 이유는 바로 '알록달록'은 밝은 느낌의 **양성 모음**끼리, '얼룩덜룩'은 어두운 느낌의 **음성 모음**끼리 어울렸기 때문이에요. 이런 것을 국어에서는 '**모음 조화**'라고 하는데 양성 모음은 양성 모음끼리, 음성 모음은 음성 모음끼리 어울리려고 하는 현상을 말해요. '조화'란 서로 잘 어울린다는 뜻이에요. 이렇게 같은 느낌을 가지는 모음끼리 어울리면 발음하기도 편하고 일관된 느낌을 전달할 수 있지요.

| 양성 모음 (밝고 가벼운 느낌) | ㅏ, ㅑ, ㅗ, ㅛ, ㅐ, ㅒ, ㅘ, ㅚ, ㅙ |
| 음성 모음 (어둡고 무거운 느낌) | ㅓ, ㅕ, ㅜ, ㅠ, ㅔ, ㅖ, ㅝ, ㅟ, ㅞ, ㅡ, ㅢ |

모양을 흉내 내는 의태어나, 소리를 흉내 내는 의성어뿐만 아니라 활용하는 말(용언)의 어간 (바뀌지 않는 부분)과 어미(바뀌는 부분)에서도 모음조화가 나타나요. 하지만 '깡충깡충'처럼 모음 조화가 지켜지지 않은 말이 쓰이기도 하고, 요즘에 들어서는 모음 조화가 많이 깨지고 있어요.

모음 조화의 예를 몇 가지만 더 살펴봐요.

| 양성 모음 + 양성 모음 | 졸졸, 모락모락, 보았다 |
| 음성 모음 + 음성 모음 | 줄줄, 무럭무럭, 그었다 |

2. 모음 동화

'모음 동화'는 모음이 가까이에 있는 다른 모음의 영향을 받아서 닮는 현상을 뜻해요. '동화'는 '같아진다'는 뜻이라고 앞에서 배웠죠?

모음 동화의 대표적인 예로는 앞 음절의 모음이 'ㅏ, ㅓ, ㅗ, ㅜ, ㅡ'일 때 뒤 음절에 모음 'ㅣ'가 오면 앞 음절의 모음을 [ㅐ, ㅔ, ㅚ, ㅟ, ㅣ]로 바꾸어 발음하는 것이 있어요. 하지만 모음 동화 현상이 일어나는 말은 '냄비'나 '멋쟁이' 같은 몇몇 단어를 빼고는 표준어나 표준 발음으로 인정되지 않아요. 그 이유는 이러한 음운의 변동 현상은 꼭 일어나는 발음 현상도 아니고, 많은 사람이 사용하는 것도 아니기 때문이지요. 흔하게 볼 수 있는 모음 동화의 예로는 다음과 같은 것들이 있어요.

예 ·애비 ·에미 ·괴기 ·아지랭이
표준어는 아비, 어미, 고기, 아지랑이예요.

1 설명하는 내용에 맞게 빈칸에 알맞은 말을 써 보세요.

   (1) 밝고 가벼운 느낌의 모음은 (   ) 모음, 어둡고 무거운 느낌의 모음은 음성 모음이라고 부른다.

   (2) 모음이 가까이에 있는 다른 모음의 영향을 받아서 닮는 현상을 (   ) 라고 한다.

2 모음 조화 현상에 따라 서로 어울리려고 하는 모음끼리 짝을 지어 선으로 이으세요.

   (1) ㅏ ·   · ㉠ ㅜ, ㅡ

   (2) ㅓ ·   · ㉡ ㅗ, ㅐ

3 <보기>와 같이 밑줄 친 모음 동화의 예를 표준어로 고쳐 써 보세요.

보기	귀여운 <u>애기</u>가 아장아장 걸음마를 하고 있다. → (**아기**)

   (1) 할아버지가 <u>지팽이</u>를 짚고 힘겹게 언덕을 올라가신다.   → (   )

   (2) 외출한 엄마를 대신해 동생에게 약을 <u>멕여</u> 주었다.   → (   )

   (3) 할머니께서 가게에서 <u>괴기</u>를 사 오라고 심부름을 시키셨다.   → (   )

4 다음 문장의 밑줄 친 말을 모음 조화 현상에 맞게 고쳐 써 보세요.

(1) 골키퍼가 몸을 날려 멋지게 공을 <u>막었다</u>.　➡ (　　　　　　　)

(2) 버스 안에서는 조용히 <u>소군소군</u> 이야기해요.　➡ (　　　　　　　)

(3) 친구와 나눠 먹으려고 가방에 과자를 잔뜩 <u>담었다</u>.　➡ (　　　　　　　)

5 다음 중 밑줄 친 말에서 모음 조화 현상이 일어난 문장에 ○표 하세요.

(1) ㉠ 동생은 집에 오는 내내 <u>웅얼웅얼</u> 투정을 부렸다.　(　　　　　)

　　㉡ 토끼가 <u>깡충깡충</u> 뛰면서 거북이를 앞질렀다.　(　　　　　)

(2) ㉠ 밭에서 일하고 오신 아버지의 이마에 땀이 <u>송알송알</u> 맺혔다.(　　　　　)

　　㉡ 내 친구 로운이는 <u>검고</u> 큰 눈망울을 가지고 있다.　(　　　　　)

(3) ㉠ 봄비가 <u>보슬보슬</u> 기분 좋게 내리고 있다.　(　　　　　)

　　㉡ 사촌 동생이 <u>무럭무럭</u> 자라서 벌써 4학년이 되었다.　(　　　　　)

(4) ㉠ 아침저녁으로 <u>산들산들</u> 시원한 가을 바람이 분다.　(　　　　　)

　　㉡ <u>사각사각</u> 연필 소리를 들으면 기분이 좋다.　(　　　　　)

6. 음운의 축약 / 음운의 탈락

1. 음운의 축약

모두들 친구가 쓴 카드에서 어디가 잘못되었는지 잘 찾았나요? 네, 맞아요. '축하'라고 써야 하는데 '추카'라고 소리 나는 대로 적었네요. 그런데 '축하'라는 말에는 분명히 'ㄱ'이 들어 있는데 'ㅎ'과 만나니 [ㅋ]으로 소리가 나네요. 그 이유는 무엇일까요?

그것은 바로 '음운의 축약' 현상 때문이에요. '축약'은 줄여서 짤막하게 만든다는 뜻이지요. 'ㄱ'과 'ㅎ'이 만나 [ㅋ]으로 줄어드는 것처럼 두 음운이 만나 합쳐져 하나의 음운으로 줄어 소리 나는 현상을 '<u>음운의 축약</u>'이라고 하는데 자음에서 축약이 일어나면 **자음 축약**, 모음에서 축약이 일어나면 **모음 축약**이라고 불러요.

자음 축약은 'ㄱ, ㄷ, ㅂ, ㅈ'이 앞 또는 뒤에서 'ㅎ'과 만나 [ㅋ, ㅌ, ㅍ, ㅊ]으로 줄어드는 현상이에요.

> 자음 축약 현상은 소리로만 나타나고 표기에는 나타나지 않아요.

ㄱ + ㅎ → [ㅋ]	국화[구콰]	ㄷ + ㅎ → [ㅌ]	맏형[마텽]
ㅂ + ㅎ → [ㅍ]	좁히다[조피다]	ㅈ + ㅎ → [ㅊ]	옳지[올치]

36

모음 축약은 두 개의 모음이 하나의 모음으로 줄어드는 현상이에요. 대표적인 예를 몇 가지만 살펴봐요.

ㅣ + ㅓ → ㅕ	그리어 → 그려

ㅜ + ㅓ → ㅝ	두었다 → 뒀다

ㅡ + ㅣ → ㅢ	뜨이다 → 띄다

ㅚ + ㅓ → ㅙ	되었다 → 됐다

모음 축약 현상은
표기로도 나타나요.

2. 음운의 탈락

두 음운이 만나면서 한 음운이 사라져 소리가 나지 않는 현상을 '음운의 탈락'이라고 해요. 음운의 탈락 역시 **자음 탈락**과 **모음 탈락**이 있어요.

'ㅅ' 탈락은
뒤에 모음으로 시작하는 어미가
올 때 'ㅅ'이 탈락하지 않는
말이 더 많아요.

자음 탈락은 'ㄹ, ㅅ, ㅎ'이 탈락하는 현상이에요.

딸 + 님 → 따님	'ㄹ' 탈락. 주로 두 개의 낱말이 합쳐질 때 일어남.
짓- + -어 → 지어	'ㅅ' 탈락. 모음으로 시작하는 어미 앞에서 탈락함.
좋- + -아 → 좋아[조아]	'ㅎ' 탈락. 소리에서는 'ㅎ'이 없어지지만 쓸 때는 '좋아'라고 'ㅎ'을 살려서 씀.

모음 탈락은 'ㅏ, ㅓ, ㅡ, ㅜ'와 같은 모음이 탈락하는 현상이에요. 몇 가지 예를 살펴봐요.

쓰- + -어 → 써	'ㅡ' 탈락
푸- + -어 → 퍼	'ㅜ' 탈락
가- + -아 → 가	'ㅏ' 탈락. 앞뒤에 쓰인 같은 모음 'ㅏ'가 사라짐.

이렇게 자음과 모음을 줄이거나 빼서 말하니 발음하기가 훨씬 편하죠? 음운의 축약과 탈락 현상은 이처럼 발음을 더 쉽고 효과적으로 하기 위해 일어나요. 우리말 음운의 변동, 참 신기하지 않나요?

1 설명하는 내용에 맞게 빈칸에 알맞은 말을 순서대로 써 보세요.

(1) 자음 축약 현상 중 'ㄱ'과 'ㅎ'이 연속으로 이어지면 하나의 자음 ( )(으)로 바뀌고,
'ㅈ'과 'ㅎ'이 이어지면 하나의 자음 ( )(으)로 바뀐다.

( ) , ( )

(2) 모음 축약 현상 중 'ㅣ'와 'ㅓ'가 연속으로 이어지면 하나의 모음 ( )(으)로 바뀌고,
'ㅡ'와 'ㅣ'가 이어지면 하나의 모음 ( )(으)로 바뀐다.

( ) , ( )

2 다음 중 자음 축약 현상이 일어나는 단어를 모두 찾아 기호를 써 보세요.

> ㉠ 백합[배캅] ㉡ 해돋이[해도지] ㉢ 입학[이팍]
> ㉣ 맏형[마텽] ㉤ 장난감[장난깜] ㉥ 달맞이[달마지]

( )

3 밑줄 친 말에서 일어나는 음운 현상을 찾아 선으로 이으세요.

(1) 벌에 <u>쏘여서</u> 아프다.　·　　　　　·㉠ 자음 축약

(2) 밑줄을 <u>그어</u> 주세요.　·　　　　　·㉡ 모음 축약

(3) 나는 단 음식이 <u>싫다</u>.　·　　　　　·㉢ 자음 탈락

(4) 방에 불 좀 <u>꺼</u> 줘.　·　　　　　·㉣ 모음 탈락

4 다음 문장에서 음운의 축약이 일어난 낱말을 찾아 써 보세요.

(1) 저녁을 먹고 바람을 쐬러 뒷산에 올랐다. ➡ (   )

(2) 계절이 바뀌어 옷의 변화가 눈에 띈다. ➡ (   )

5 <보기>와 같이 단어에서 탈락한 음운을 찾아 써 보세요.

보기	솔 + 나무 → 소나무 ➡ (ㄹ) 탈락

(1) 크- + -어요 → 커요 ➡ (   ) 탈락

(2) 딸 + 님 → 따님 ➡ (   ) 탈락

(3) 푸- + -어요 → 퍼요 ➡ (   ) 탈락

(4) 바늘 + 질 → 바느질 ➡ (   ) 탈락

6 밑줄 친 말에서 음운 탈락 현상이 일어난 문장에 ○표 하세요.

(1) ㉠ 미역국을 끓이려면 먼저 미역을 물에 <u>담가</u> 놓아야 해. (   )

　　㉡ 혼자서 버스를 <u>타고</u> 할머니 병문안을 다녀왔다. (   )

(2) ㉠ 시험지에 이름을 <u>쓰지</u> 않은 채 내고 말았다. (   )

　　㉡ <u>우는</u> 아이 떡 하나 더 준다는 속담이 있다. (   )

(3) ㉠ 너무 <u>웃어서</u> 배가 아플 정도예요. (   )

　　㉡ <u>다달이</u> 받는 용돈을 은행에 저금하고 있어요. (   )

(4) ㉠ 나경이는 생일 케이크의 촛불을 훅 불어서 <u>껐다</u>. (   )

　　㉡ 땅에 떨어진 쓰레기를 <u>집어서</u> 쓰레기통에 넣었다. (   )

7. 사잇소리 현상

친구들은 끝말잇기 놀이를 좋아하나요? 끝말잇기를 할 때 같은 소리로 끝나는 말이 계속 나오면 다음에 이어질 말을 찾기 어려워서 곤란할 때가 많죠. 우리도 끝말잇기 달인이 되기 위해 같은 소리로 끝나는 단어를 연습해 볼까요? '불'로 끝나는 단어들을 한번 이야기해 봐요.

등불, 촛불, 번갯불, 반딧불, 등댓불, 솔이불, 성냥불……

와, 정말 많네요. 이 정도면 '불'로 끝나는 단어의 달인이 될 수 있겠네요. 그런데 혹시 눈치챘나요? 이 단어들은 같은 소리로 끝난다는 공통점도 있지만, 모두 단어의 중심이 되는 어근과 어근이 합쳐져 만들어진 합성어라는 공통점도 가지고 있다는 걸요. (참고. 60쪽)
'등'과 '불'이 만나 '등불'이 되고, '초'와 '불'이 만나 '촛불'이라는 새로운 단어가 만들어진 것이지요. 이렇게 만들어진 단어들은 말소리에서도 재미있는 현상이 나타나는데 바로 사잇소리 현상이에요.
사잇소리 현상은 주로 어근과 어근이 합쳐져 합성어가 될 때 뒷말의 예사소리가 된소리로 바뀌거나 소리가 덧나는 현상이에요. 어떻게 소리가 바뀌는지 예를 통해 살펴보고 소리 내어 읽어 보도록 해요.

(1) 앞말의 끝소리가 울림소리이고 뒷말의 첫소리가 안울림 예사소리이면, 뒤의 예사소리가 된소리로 바뀌어요.

> 울림소리(ㄴ, ㄹ, ㅁ, ㅇ) + 안울림 예사소리(ㄱ, ㄷ, ㅂ, ㅅ, ㅈ) ➡ 된소리

> **예** · 눈 + 도장 → 눈도장[눈또장]   · 물 + 가 → 물가[물까]
>   · 봄 + 비 → 봄비[봄삐]   · 등 + 불 → 등불[등뿔]

(2) 앞말이 모음으로 끝나는 경우에는 그 모음의 받침에 '사이시옷'을 적어요. (단, 예외가 많아요)

> 모음 + 안울림 예사소리(ㄱ, ㄷ, ㅂ, ㅅ, ㅈ) ➡ 된소리

예	· 코 + 등 → 콧등[콛뜽]	· 반디 + 불 → 반딧불[반딛뿔]
	· 배 + 사공 → 뱃사공[밷싸공]	(예외) 기와 + 집 → 기와집[기와집]

(3) 앞말이 모음으로 끝나고 뒷말이 'ㅁ, ㄴ'으로 시작되면 'ㄴ' 소리가 첨가되는데, 이것을 'ㄴ' 소리가 덧난다고도 말해요.

> 모음 + 'ㅁ, ㄴ' ➡ 모음 + 'ㄴ' 첨가 + 'ㅁ, ㄴ'

예	· 이 + 몸 → 잇몸[인몸]	· 코 + 날 → 콧날[콘날]

(4) 뒷말이 모음 'ㅣ'나 'ㅑ, ㅕ, ㅛ, ㅠ'로 시작할 때에는 'ㄴ'이 하나 혹은 둘이 겹쳐 나기도 해요.

> 뒷말이 'ㅣ' 또는 'ㅑ, ㅕ, ㅛ, ㅠ'일 경우 ➡ 'ㄴ', 'ㄴㄴ'

➡ 'ㅑ, ㅕ, ㅛ, ㅠ'는 모두 'ㅣ'와 결합된 이중 모음이에요.

➡ 모음 앞의 'ㅇ'은 소릿값이 없어요.

예	· 콩 + 엿 → 콩엿[콩녇]	· 솜 + 이불 → 솜이불[솜니불]
	· 나무 +잎 → 나뭇잎[나문닙]	· 아래 + 이 → 아랫니[아랜니]

이와 같은 사잇소리 현상은 비슷한 조건인데도 일어나지 않는 경우도 많아요. 또한 사잇소리 현상은 발음할 때 나타나는 현상이지만 앞말이 모음으로 끝났을 때는 '나뭇잎[나문닙]'처럼 표기에 나타내기도 하지요. 하지만, 한자어로만 이루어진 합성어는 사잇소리 현상이 일어나더라도 몇몇 단어를 빼고는 사이시옷을 적지 않아요.

같은 조건이라도 사잇소리 현상이 일어날 때와 일어나지 않을 때가 있어서 어렵게 느껴질 수 있지만 각각의 단어의 바른 발음을 익힌다면 사잇소리 현상을 이해하는 데 많은 도움이 될 거예요.

1 다음 내용 중 옳은 것에는 ○표, 옳지 않은 것에는 ×표 하세요.

(1) 사잇소리 현상은 같은 조건 아래에서 반드시 일어나는 음운 변동 현상이다. (   )

(2) 사잇소리 현상은 발음과 표기에 모두 나타내 주어야 한다. (   )

(3) 한자어로 된 합성어는 사잇소리 현상이 일어나도 일부 단어만 사이시옷을 적는다.

(   )

2 다음을 읽고 빈칸에 알맞은 말을 써 보세요.

주로 합성어에서 결합하는 뒷말의 예사소리가 (   )로 바뀌거나 소리가 덧나는 현상을 사잇소리 현상이라고 한다.

(   )

3 다음 단어를 바르게 발음한 것을 찾아 선으로 이으세요.

(1) 나뭇잎 ·
　　　　　　　　　　　· ㉠ [나무입]
　　　　　　　　　　　· ㉡ [나문닙]

(2) 말소리 ·
　　　　　　　　　　　· ㉠ [말쏘리]
　　　　　　　　　　　· ㉡ [말소리]

(3) 밤이슬 ·
　　　　　　　　　　　· ㉠ [바미슬]
　　　　　　　　　　　· ㉡ [밤니슬]

4 다음 중 사잇소리 현상이 일어나는 단어를 모두 찾아 기호를 써 보세요.

> ㉠ 봄비   ㉡ 솜이불   ㉢ 국밥
>
> ㉣ 기와집   ㉤ 물동이   ㉥ 위층

(   )

5 밑줄 친 단어의 바른 발음을 써 보세요.

(1) <u>아랫니</u>가 빠져서 발음이 새요. ➡ [   ]

(2) 아직 아기인데 <u>콧날</u>이 오뚝해요. ➡ [   ]

(3) 비가 와서 <u>논둑</u>이 무너지고 말았어요. ➡ [   ]

6 <보기>와 같이 알맞은 합성어의 형태를 써 보세요.

보기	초 + 불 ➡ (촛불)

(1) 나루 + 배 ➡ (   )   (2) 반디 + 불 ➡ (   )

(3) 노래 + 말 ➡ (   )   (4) 나무 + 가지 ➡ (   )

7 다음 문장에서 사잇소리 현상이 일어나는 낱말을 찾아 ○표 하세요.

(1) 엄마가 마당에서 딴 콩잎으로 반찬을 만드신다.

(2) 좋아하는 노래를 들으니 저절로 신바람이 난다.

개념콕콕

☆ 음운과 음절

음운	음절
· 음운(말소리)은 말의 뜻을 구별해 주는 소리의 가장 작은 단위 · 음운의 종류: 자음과 모음, 말소리의 길이, 말소리의 높낮이 · 자음과 모음은 소리를 도막 낼 수 있는 '분절 음운', 말소리의 길이와 높낮이는 소리를 도막 낼 수 없는 '비분절 음운'	· 음절은 발음할 때 한 번에 낼 수 있는 소리의 단위 · 국어의 음절을 만들기 위해서는 반드시 모음이 필요함. · 문장을 소리 나는 대로 적은 글자의 수는 음절의 개수와 같음.

☆ 자음과 모음

 참고 15~17 쪽

자음	모음
· 소리를 낼 때 목 안 또는 입안에서 방해를 받으면서 나는 소리로 모두 19개가 있음. · 자음은 (1) 소리 나는 위치, (2) 소리를 내는 방법, (3) 소리의 세기에 따라서 종류가 나뉨.	· 소리를 낼 때 목 안 또는 입안에서 방해를 받지 않고 나는 소리로, 모두 21개가 있음. · 단모음(10개)은 발음하는 도중에 혀의 위치나 입술 모양이 바뀌지 않음. (ㅏ, ㅐ, ㅓ, ㅔ, ㅗ, ㅚ, ㅜ, ㅟ, ㅡ, ㅣ) · 이중 모음(11개)은 발음하는 도중에 혀의 위치나 입술 모양이 바뀜. (ㅑ, ㅒ, ㅕ, ㅖ, ㅘ, ㅙ, ㅛ, ㅝ, ㅞ, ㅠ, ㅢ)

44

⭐ 자음의 체계

참고 》 15~16 쪽

소리 내는 방법	소리 나는 위치	입술소리	잇몸소리	센입천장소리	여린입천장소리	목청소리
안울림소리	예사소리	ㅂ	ㄷ, ㅅ		ㄱ	
	된소리	ㅃ	ㄸ, ㅆ		ㄲ	ㅎ
	거센소리	ㅍ	ㅌ		ㅋ	
	예사소리			ㅈ		
	된소리			ㅉ		
	거센소리			ㅊ		
울림소리	비음	ㅁ	ㄴ		ㅇ	
	유음		ㄹ			

⭐ 단모음의 체계

참고 》 17 쪽

③ 혀의 최고점의 위치		전설 모음 (혀의 최고점이 앞에 있을 때 나는 소리)		후설 모음 (혀의 최고점이 뒤에 있을 때 나는 소리)	
① 입술 모양		평순 모음 (평평한 입술 모양)	원순 모음 (둥근 입술 모양)	평순 모음 (평평한 입술 모양)	원순 모음 (둥근 입술 모양)
② 혀의 높낮이	고모음 (높음)	ㅣ	ㅟ	ㅡ	ㅜ
	중모음 (중간)	ㅔ	ㅚ	ㅓ	ㅗ
	저모음 (낮음)	ㅐ		ㅏ	

개념콕콕

★ 음운 변동

참고 ≫ 20 쪽

- 어떤 말의 발음이 조건에 따라 달라지는 현상

★ 음절의 끝소리 규칙

참고 ≫ 21 쪽

- 우리말 음절의 끝소리가 'ㄱ, ㄴ, ㄷ, ㄹ, ㅁ, ㅂ, ㅇ'의 7개 대표음 중 하나로 발음되는 현상

받침	대표음	예
ㄱ, ㄲ, ㅋ	[ㄱ]	수학[수학], 밖[박], 부엌[부억]
ㄴ	[ㄴ]	운[운]
ㄷ, ㅌ, ㅅ, ㅆ, ㅈ, ㅊ, ㅎ	[ㄷ]	곧[곧], 밭[받], 낫[낟], 낫다[낟따], 있다[읻따], 낮[낟], 낯[낟], 히읗[히읃]
ㄹ	[ㄹ]	말[말]
ㅁ	[ㅁ]	감[감]
ㅂ, ㅍ	[ㅂ]	밥[밥], 잎[입]
ㅇ	[ㅇ]	공[공]

★ 겹받침의 발음

참고 ≫ 22 쪽

발음	겹받침	예
앞의 자음으로 소리 나는 것	ㄳ, ㄵ, ㄶ, ㄼ, ㄾ, ㅀ, ㅄ	몫[목], 앉다[안따], 많다[만타], 외곬[외골], 핥다[할따], 잃다[일타], 값[갑]
뒤의 자음으로 소리 나는 것	ㄻ, ㄿ	삶[삼], 읊다[읍따]
상황에 따라 다르게 소리 나는 것	ㄺ, ㄽ	읽다[익따], 읽고[일꼬], 넓다[널따], 밟다[밥따]

★ 자음 동화

참고 >> 24 쪽

- 앞 음절의 끝 자음이 뒤 음절의 첫 자음과 만나 한쪽이나 양쪽 모두 비슷하거나 같은 소리로 바뀌는 현상

ㄱ, ㄷ, ㅂ + ㄴ, ㅁ → [ㅇ, ㄴ, ㅁ]	국물 → [궁물]　　밥물 → [밤물]
ㄱ, ㄷ, ㅂ + ㄹ → [ㅇ, ㄴ, ㅁ] + [ㄴ]	국립 → [궁닙]　　협력 → [혐녁]
ㅁ, ㅇ + ㄹ → [ㅁ, ㅇ] + [ㄴ]	침략 → [침냑]　　강릉 → [강능]
ㄹ + ㄴ → [ㄹ] + [ㄹ]	칼날 → [칼랄]
ㄴ + ㄹ → [ㄹ] + [ㄹ]	신라 → [실라]

★ 구개음화

참고 >> 28 쪽

- 음절의 끝소리 'ㄷ, ㅌ'이 모음 'ㅣ'를 만나 [ㅈ], [ㅊ]으로 바뀌어 소리 나는 현상
- 의미를 가지고 혼자서 쓰일 수 있는 한 단어이거나 실제적인 뜻을 가지고 있는 말과 합쳐질 때에는 소리가 바뀌지 않음.

　예　잔디[잔디], 견디다[견디다], 느티나무[느티나무]

ㄷ + ㅣ → [지]	굳이 → [구지]　　맏이 → [마지]
ㅌ + ㅣ → [치]	밭이 → [바치]　　낱낱이 → [난나치]
ㄷ + 히 → [티] → [치]	닫히다 → [다티다] → [다치다]

★ 모음 조화

참고 >> 32 쪽

- 양성 모음은 양성 모음끼리, 음성 모음은 음성 모음끼리 어울리려고 하는 현상

양성 모음 (ㅏ, ㅑ, ㅗ, ㅛ, ㅐ, ㅒ, ㅘ, ㅚ, ㅙ)	졸졸, 모락모락, 보았다
음성 모음 (ㅓ, ㅕ, ㅜ, ㅠ, ㅔ, ㅖ, ㅝ, ㅟ, ㅞ, ㅡ, ㅢ)	줄줄, 무럭무럭, 그었다

★ 모음 동화

참고 33 쪽

- 모음이 가까이에 있는 다른 모음의 영향을 받아서 닮는 현상
- 대표적인 모음 동화: 앞 음절의 모음 'ㅏ, ㅓ, ㅣ, ㅜ, ㅡ' 뒤에 모음 'ㅣ'가 왔을 때 [ㅐ, ㅔ, ㅚ, ㅟ, ㅣ]로 바꾸어 발음하는 것. (예) 애비, 에미, 괴기, 아시랭이 등
- 몇몇 단어를 빼고는 표준어나 표준 발음으로 인정되지 않음. (예) 냄비, 멋쟁이

★ 음운의 축약

참고 36 쪽

- 두 음운이 만나 합쳐져 하나의 음운으로 줄어 소리 나는 현상

자음 축약	ㄱ + ㅎ → [ㅋ]	국화[구콰]
	ㄷ + ㅎ → [ㅌ]	맏형[마텽]
	ㅂ + ㅎ → [ㅍ]	좁히다[조피다]
	ㅈ + ㅎ → [ㅊ]	옳지[올치]
모음 축약	ㅣ + ㅓ → ㅕ	그리어 → 그려
	ㅡ + ㅣ → ㅢ	뜨이다 → 띄다
	ㅜ + ㅓ → ㅝ	두었다 → 뒀다
	ㅚ + ㅓ → ㅙ	되었다 → 됐다

★ 음운의 탈락

참고 37 쪽

- 두 음운이 만나면서 한 음운이 사라져 소리가 나지 않는 현상

자음 탈락	'ㄹ' 탈락	딸 + 님 → 따님
	'ㅅ' 탈락	짓- + -어 → 지어
	'ㅎ' 탈락	좋- + -아 → [조아]

모음 탈락	'―' 탈락	쓰- + -어 → 써
	'ㅜ' 탈락	푸- + -어 → 퍼
	'ㅏ' 탈락	가- + -아 → 가

⭐ 사잇소리 현상

참고 >> 40~41쪽

- 주로 어근과 어근이 합쳐져 합성어가 될 때 뒷말의 예사소리가 된소리로 바뀌거나
  소리가 덧나는 현상
- 한자어의 경우에는 사이시옷 현상이 일어나더라도 사이시옷을 적지 않음.
  (단, 예외가 있음)
- 사잇소리 현상은 발음할 때 나타나는 현상이지만 일부는 표기로도 나타남.

예 ②, ③의 경우

① 울림소리(ㄴ, ㄹ, ㅁ, ㅇ) + 안울림 예사소리(ㄱ, ㄷ, ㅂ, ㅅ, ㅈ) → 된소리

  · 눈 + 도장 → 눈도장[눈또장]   · 물 + 가 → 물가[물까]
  · 봄 + 비 → 봄비[봄삐]   · 등 + 불 → 등불[등뿔]

② 모음 + 안울림 예사소리(ㄱ, ㄷ, ㅂ, ㅅ, ㅈ) → 된소리

  · 코 + 등→ 콧등[콛뜽]   · 반디 + 불 → 반딧불[반딛뿔]   · 배 + 사공→ 뱃사공[밷싸공]

③ 모음 + 'ㅁ, ㄴ' → 모음 + 'ㄴ' 첨가 + 'ㅁ, ㄴ'

  · 이 + 몸→ 잇몸[인몸]   · 코 + 날 → 콧날[콘날]

④ 뒷말이 'ㅣ' 또는 'ㅑ, ㅕ, ㅛ, ㅠ'일 경우 → 'ㄴ', 'ㄴㄴ'

  · 콩 + 엿 → 콩엿[콩녇]   · 솜 + 이불 → 솜이불[솜니불]
  · 나무 + 잎 → 나뭇입[나문닙]   · 아래 + 이 → 아랫니[아랜니]

1 다음 단어에서 음운과 음절은 각각 몇 개인지 써 보세요.

(1) 바람 ➡ 음운: (   )   음절: (   )

(2) 식탁 ➡ 음운: (   )   음절: (   )

2 다음 중 <보기>에서 설명하는 자음이 쓰인 단어를 고르세요.

| 보기 | 센입천장소리: 혓바닥과 센입천장 사이에서 나는 소리 |

① 학교   ② 주춧돌   ③ 얼음   ④ 갈퀴   ⑤ 동생

3 다음 중 단모음으로만 이루어진 단어를 고르세요.

① 여행   ② 의자   ③ 귀신   ④ 과자   ⑤ 우유

4 다음 중 음절의 끝소리 규칙에 알맞게 발음한 것을 고르세요.

① 한낮[한낟]   ② 바깥[바깟]   ③ 풀숲[풀숩]

④ 부엌[부억]   ⑤ 읊다[읖따]

5 다음 중 <보기>와 같은 자음 동화의 예에 해당하는 것을 고르세요.

| 보기 | ㄱ, ㄷ, ㅂ + ㄹ ➡ [ㅇ, ㄴ, ㅁ] + [ㄴ] |

① 협력[혐녁]   ② 국물[궁물]   ③ 맡는다[만는다]

④ 신라[실라]   ⑤ 대통령[대통녕]

6 다음 중 단어를 바르게 읽은 것을 고르세요.

① 낱낱이[난나티]　　② 미닫이[미다디]　　③ 디디다[디지다]

④ 물받이[물바지]　　⑤ 샅샅이[삳싸티]

7 다음 중 모음 조화 현상이 일어나지 않은 단어를 고르세요.

① 사각사각　　　② 얼룩덜룩　　　③ 종알종알

④ 무럭무럭　　　⑤ 깡충깡충

8 다음 중 음운의 축약 현상이 일어난 단어로 알맞은 것을 고르세요.

① 잡히다　　　　② 얼굴빛　　　　③ 아드님

④ 소나무　　　　⑤ 낳았다

9 다음 문장에서 음운의 탈락 현상이 일어난 단어를 찾아 써 보세요.

할머니는 이제 병이 깨끗이 나아 건강한 모습을 되찾으셨다.

(　　　　　　　)

10 다음 중 사이시옷을 표기하지 않아도 되는 것을 고르세요.

① 내 + 물　　　　② 차 + 집　　　　③ 집 + 일

④ 빨래 + 줄　　　⑤ 시내 + 가

우리말 사랑도 한 걸음부터

여러분은 하루에 몇 번이나 스마트폰으로 친구와 이야기를 나누나요? 친구와 스마트폰으로 즐겁게 수다를 떨다 보면 짧은 시간 안에 하고 싶은 말을 전달하기 위해서 친구들 사이에서 유행하는 줄임 말을 쓰기도 하고, 때로는 어른들은 모르고 친구들끼리만 아는 단어로만 이야기하기도 할 거예요.

그런데 혹시 친구들과 이야기 나눌 때는 괜찮았는데, 엄마, 아빠 혹은 주위의 어른들과 이야기할 때 말이 잘 통하지 않았던 경험은 없나요? 똑같은 말을 쓰고 있는데도 대화가 잘 되지 않다니 정말 답답하게 느껴질 때도 있었을 거예요. 어쩌면 '줄임 말 사용을 줄이고, 바른 말을 쓰자'는 부모님 말씀이 잔소리처럼 들렸을지도 모르겠네요.

하지만 잔소리처럼 들리는 부모님 말씀에는 우리를 사랑하고, 또 우리말을 잘 지켰으면 하는 마음이 담겨 있어요. 줄임 말은 대부분 또래 친구들이나 같은 집단끼리 쓰다가 점점 유행하여 쓰이게 되는데, 또래가 아닌 사람이나 다른 집단에 속해 있는 사람들은 그 말을 이해하지 못해서 의사소통에 어려움을 겪게 되지요. 그리고 대부분의 줄임 말이나 유행어는 우리말을 파괴하는 형식으로 쓰이면서 맞춤법을 지키지 못하게 되는 경우도 많아요.

이러한 줄임 말이나 잘못된 말들을 계속해서 사용한다면, 아름다운 우리말을 지키지 못하고 어른들과의 세대 차이도 점점 심해질 수밖에 없을 거예요. 그렇다면 우리말도 지키면서 어른들과도 이야기를 잘 나눌 수 있는 방법에는 무엇이 있을까요?

방법은 아주 간단해요. 평소에 내가 얼마나 많은 줄임 말들을 쓰고 있는지 생각해 보고 하나씩 하나씩 줄여 나가는 것이지요. 지금까지 쓰던 줄임 말을 하나도 쓰지 않는 건 어려운 일일 거예요. 하지만 '천 리 길도 한 걸음부터'라는 말처럼 '우리말 사랑도 한 걸음부터'시작해 보면 어떨까요?

우리말이라는 꽃밭을 더욱 아끼고 사랑하는 마음으로 오늘부터 실천한다면 분명 여러분의 마음에도 색색깔의 예쁜 꽃들이 피어날 거예요.

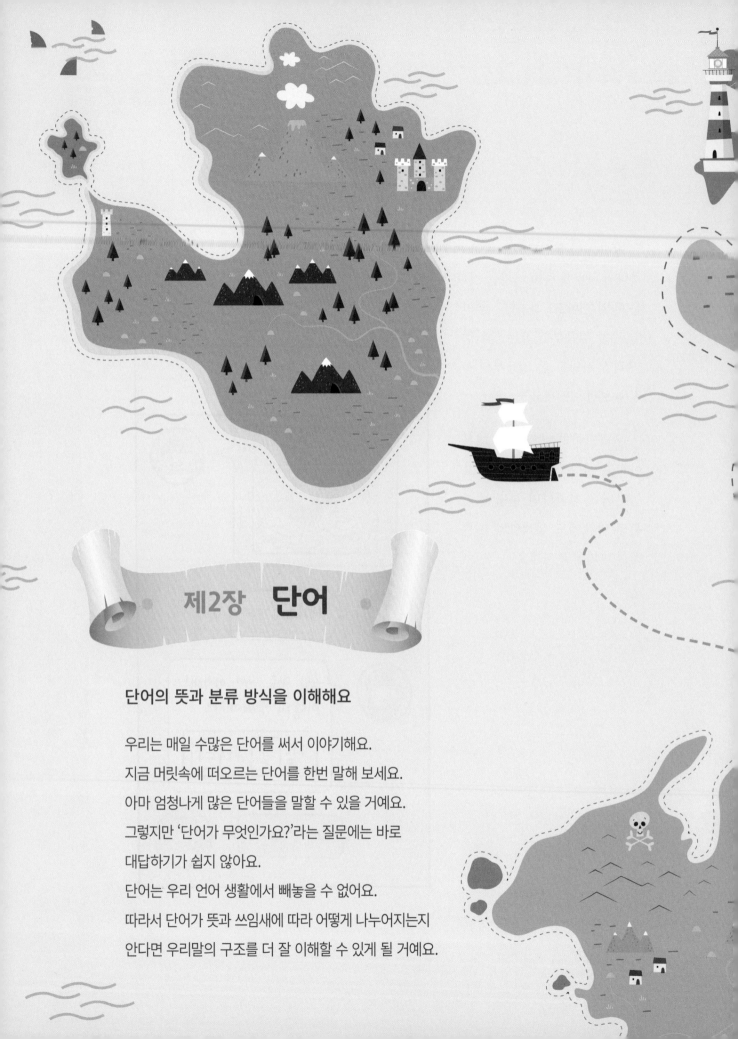

제2장 단어

단어의 뜻과 분류 방식을 이해해요

우리는 매일 수많은 단어를 써서 이야기해요.

지금 머릿속에 떠오르는 단어를 한번 말해 보세요.

아마 엄청나게 많은 단어들을 말할 수 있을 거예요.

그렇지만 '단어가 무엇인가요?'라는 질문에는 바로

대답하기가 쉽지 않아요.

단어는 우리 언어 생활에서 빼놓을 수 없어요.

따라서 단어가 뜻과 쓰임새에 따라 어떻게 나누어지는지

안다면 우리말의 구조를 더 잘 이해할 수 있게 될 거예요.

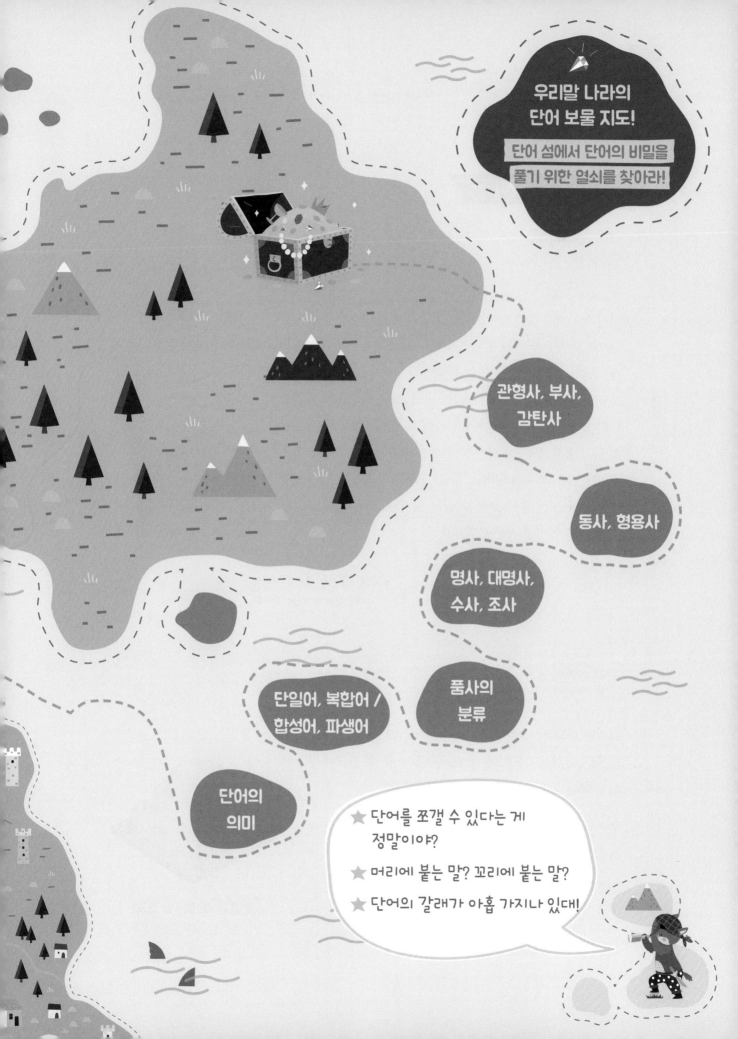

1. 단어란?

민지네 아빠가 집에 돌아오시면서 맛있는 붕어빵과 햇감자를 사 오셨어요. 얼른 동생과 나눠 먹으려고 하는데 아빠가 퀴즈를 하나 내시네요. "붕어빵과 햇감자를 단어로 나누어 먹어 볼래?" 만약 여러분이 민지라면 어떻게 나누겠나요?

먼저 붕어빵을 나누어 볼까요? '붕어'도 '빵'도 각각 뜻을 가지고 있고 홀로 쓰일 수 있는 말이니까 어렵지 않게 나누어 먹을 수 있겠네요. 이처럼 **단어**란, 뜻을 가지고 있으면서 홀로 쓰일 수 있거나 또는 홀로 쓰일 수 있는 말 뒤에 붙어 쉽게 분리될 수 있는 말의 가장 작은 단위예요.

붕어빵 = 붕어 + 빵

'붕어'와 '빵'이라는
두 단어가 합쳐져 '붕어빵'이라는
새로운 단어가 만들어졌어요.

2. 형태소란?

그러면 햇감자는 어떻게 나누면 좋을까요? 단어의 뜻을 생각하면 '감자'는 뜻도 있고 홀로 쓸 수 있으니 단어네요. 그런데 '햇-'은 홀로 쓸 수 없으니 단어가 아닌 듯한데 뭐라고 부르면 좋을까요?

'햇-'은 비록 홀로 쓰이지는 못하지만 '그해에 새로 난'이라는 뜻을 가지고 있어요. 이처럼 뜻을 가진 가장 작은 말의 단위를 **형태소**라고 불러요. 형태소는 더 이상 나누면 뜻을 잃어버리고 말지요.

햇감자 = 햇- + 감자

56

단어와 형태소의 의미를 잘 알았나요? 형태소라는 단어를 처음 봐서 어렵게 느껴질 수 있어요. 하지만 이것만 기억하면 어렵지 않아요. 단어는 홀로 쓰일 수 있는 가장 작은 말의 단위이고, 단어를 한 번 더 쪼갠 것이 형태소예요. 단어는 하나 또는 그 이상의 형태소로 이루어져요.

한 개의 형태소	강, 산, 바다
두 개의 형태소	밤 + 나무 → 밤나무
세 개의 형태소	먹- + -었- + -다 → 먹었다
네 개의 형태소	뛰- + -었- + -겠- + -다 → 뛰었겠다

그러면 단어와 형태소를 구분하는 연습을 조금 더 해 볼게요.

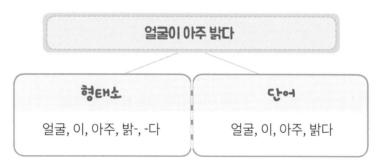

위에서 뭔가 이상한 점을 눈치챘나요? 네, 맞아요. 분명히 단어는 홀로 쓰일 수 있다고 했는데 홀로 쓰일 수 없는 '이'가 단어에 포함돼 있네요. 여기 쓰인 '이'는 다른 말 뒤에 붙어 단어의 관계를 나타내 주거나 뜻을 돕는 조사예요. 조사는 홀로 쓰일 수는 없지만 홀로 쓰일 수 있는 말에 붙어서 쉽게 분리가 되기 때문에 단어에 포함돼요.

1 다음을 읽고 빈칸에 알맞은 말을 써 보세요.

뜻을 가진 가장 작은 말의 단위를 (   )라고 한다.

(   )

2 다음 내용 중 옳은 것에는 ○표, 옳지 않은 것에는 ✕표 하세요.

(1) '하늘'과 '바다'는 단어이지만 형태소는 아니다.   (   )

(2) 단어는 뜻을 가지고 홀로 쓰일 수 있는 말의 단위이다.   (   )

(3) 형태소는 더 작은 단위로 쪼개면 본래의 뜻을 잃어버린다.   (   )

3 다음 문장은 모두 몇 개의 단어로 이루어져 있는지 써 보세요.

(1) 바람에 풍선이 날아갔다.   ➤ (   )

(2) 사과나무에 꽃이 활짝 피었다.   ➤ (   )

4 다음 중 형태소를 바르게 나눈 것에는 ○표, 바르지 않은 것에는 ✕표 하세요.

(1) 톱질 → 톱 + -질   (   )

(2) 어머니 → 어머 + 니   (   )

(3) 책가방 → 책 + 가방   (   )

(4) 날고기 → 날고 + 기   (   )

5 <보기>와 같이 단어를 나누어 써 보세요.

보기	손바닥 ➡ **손 + 바닥** 고추 ➡ **고추 + ×**
	예쁘다 ➡ **예쁘 + -다**

⑴ 파랗다 ➡ (   )   ⑵ 발바닥 ➡ (   )

⑶ 다리 ➡ (   )   ⑷ 지우개 ➡ (   )

6 다음을 홀로 쓰일 수 있는 것과 없는 것으로 나누어 써 보세요.

헛-   가방   딸기   풋-   그릇   -꾼   가을

⑴ 홀로 쓰일 수 있는 것 : (   )

⑵ 홀로 쓰일 수 없는 것 : (   )

7 <보기>와 같이 문장을 형태소 단위로 나누어 써 보세요.

보기	어제 케이크를 먹었다. ➡ **어제 / 케이크 / 를 / 먹- / -었- / -다**

⑴ 하늘이 매우 높고 푸르다.

➡ (   )

⑵ 마당에 꽃과 나무가 참 많다.

➡ (   )

 2. 단일어, 복합어 / 합성어, 파생어

1. 단일어, 복합어

이번 시간에는 단어의 짜임에 대해 살펴보도록 해요. 먼저, 단어는 쪼갤 수 있는지 없는지에 따라 크게 두 가지로 나누어져요.

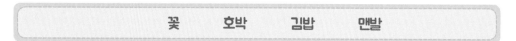

꽃   호박   김밥   맨발

'꽃'과 '호박'은 하나의 형태소로만 이루어져서 더 이상 쪼갤 수 없어요. 하지만 '김밥'은 '김'과 '밥'으로, '맨발'은 '맨-'과 '발'로 형태소를 나눌 수 있어요. '맨-'은 '다른 것이 없는'이라는 뜻을 나타내요. 정리하면, '김밥'과 '맨발'은 두 개의 형태소가 결합하여 만들어진 단어인 것이지요.

이때 '김'이나 '밥'처럼 실질적인 의미를 나타내는 형태소를 '<u>어근</u>'이라고 하고 '맨-'처럼 홀로 쓰이지 못하고 다른 어근이나 단어에 붙어서 뜻을 더해 주거나 제한하는 형태소를 '**접사**'라고 불러요.

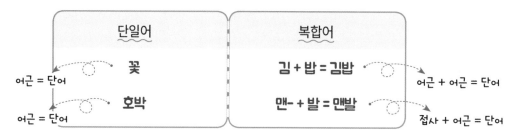

단어의 짜임이 한눈에 보이나요? 우리말의 단어는 짜임에 따라 나누어 볼 수 있어요. '꽃', '호박'처럼 하나의 어근으로 이루어진 단어를 '<u>**단일어**</u>'라고 하고 '김밥'이나 '맨발'처럼 둘 이상의 어근 또는 어근과 접사로 이루어진 단어를 '<u>**복합어**</u>'라고 해요.

2. 합성어, 파생어

복합어는 다시 어근끼리 만났는지 혹은 어근과 접사가 만났는지에 따라 합성어와 파생어로 나누어져요. 단어가 또 나누어진다니! 머리가 복잡하겠지만 하나씩 정리해 봐요.

합성어는 둘 이상의 어근으로만 이루어진 단어예요. '꽃병'이라는 단어의 짜임을 살펴보면, '꽃'과 '병'이라는 두 어근이 결합되어 만들어졌다는 것을 알 수 있어요. 우리 주변에서 쉽게 찾을 수 있는 합성어에는 또 어떤 것들이 있을까요? 손발(손 + 발), 볶음밥(볶음 + 밥), 눈송이(눈 + 송이) 등 정말 수없이 많은 단어들이 있죠.

꽃 → 어근   +   병 → 어근   =   꽃병 → 어근 + 어근으로 된 합성어

파생어는 어근과 접사의 결합으로 이루어진 단어예요. '파생'이란 갈라져 나온다는 뜻이죠. 파생어는 실질적인 뜻을 가진 어근의 앞 또는 뒤에 접사가 붙어요. 이때 접사가 앞에 붙으면 머리에 붙는다는 뜻에서 접두사, 뒤에 붙으면 꼬리에 붙는다고 해서 접미사라고 불러요. 우리 주변의 파생어도 한번 찾아 볼까요? '풋과일(풋- + 과일)', '말썽꾸러기(말썽 + -꾸러기)' 등이 있네요. 단어가 만들어지는 모습이 참 재미있죠?

1 다음을 읽고 빈칸에 알맞은 말을 써 보세요.

> 단어에서 실질적인 의미를 나타내는 형태소를 (㉠)이라고 하고, 홀로 쓰이지 못하고 다른 어근이나 단어에 붙어 뜻을 더해 주는 역할을 하는 형태소를 (㉡)라고 부른다

㉠ (   ) ㉡ (   )

2 다음 내용 중 옳은 것에는 ○표, 옳지 않은 것에는 ✕표 하세요.

(1) 모든 단어는 어근과 접사로 이루어진다.   (   )

(2) 어근과 어근이 결합한 단어는 복합어이면서 파생어이다.   (   )

(3) 단일어는 하나의 어근으로만 이루어진 단어를 가리킨다.   (   )

3 <보기>와 같이 주어진 단어가 단일어이면 '단', 복합어이면 '복'이라고 써 보세요.

보기	호박 ➡ (**단**)

(1) 덧신 ➡ (   )   (2) 감자 ➡ (   )   (3) 메아리 ➡ (   )

(4) 손수건 ➡ (   )   (5) 바느질 ➡ (   )   (6) 할머니 ➡ (   )

4 <보기>와 같이 각 단어들의 어근을 찾아 밑줄을 그어 보세요.

(어근이 두 개 이상일 때에는 각각의 어근에 밑줄을 그으세요)

보기	많다 ➡ (<u>많</u>다) 물병 ➡ (<u>물</u> / <u>병</u>)

(1) 헛발질 ➡ (   )   (2) 아프다 ➡ (   )

(3) 햇과일 ➡ (   )   (4) 콩나물 ➡ (   )

5 다음을 읽고 빈칸에 공통으로 들어갈 말을 써 보세요.

> 복합어에서 합성어와 파생어를 구분할 때 (　　　)이(가) 없는 것은 '합성어'이고,
> (　　　)이(가) 있는 것은 '파생어'이다.

(　　　　　　　)

6 다음 단어의 짜임을 파악하여 알맞은 기호를 찾아 써 보세요.

보기	㉠ 합성어	㉡ 파생어

(1) 밥그릇 ➡ (　　　)　　　　(2) 맨주먹 ➡ (　　　)

(3) 책가방 ➡ (　　　)　　　　(4) 사냥꾼 ➡ (　　　)

7 <보기>와 같이 합성어를 나누어 써 보세요.

보기	불장난 ➡ **불 + 장난**

(1) 칼국수 ➡ (　　+　　)　　　　(2) 꽃무늬 ➡ (　　+　　)

(3) 발바닥 ➡ (　　+　　)　　　　(4) 고무신 ➡ (　　+　　)

8 <보기>와 같이 파생어를 나누어 써 보세요.

보기	나무꾼 ➡ **나무 + -꾼**

(1) 풋과일 ➡ (　　+　　)　　　　(2) 지우개 ➡ (　　+　　)

(3) 덧버선 ➡ (　　+　　)　　　　(4) 고집쟁이 ➡ (　　+　　)

3. 품사의 분류

여러분은 평소에 책상을 잘 정리하나요? 책 정리를 시작하기 전에는 보통 기준을 정해 놓고 하죠. 여러분이 책을 정리하는 기준은 무엇인가요? 책의 크기? 책의 색깔? 책의 내용? 어느 쪽이든 공통된 성질을 가지고 있는 것끼리 모아 놓으면 읽고 싶은 책을 금방 찾을 수 있겠죠. 단어 역시 공통된 성질을 지닌 것들끼리 모아 놓으면 더욱 쉽게 이해할 수 있어요.

단어들은 저마다 다른 성격을 지니고 있기 때문에 공통된 성질에 따라 분류할 수 있어요. 이때 공통된 성질을 지닌 것끼리 모아 놓은 단어들의 갈래를 '**품사**'라고 해요.
단어는 크게 세 가지의 기준을 가지고 분류할 수 있어요. 첫째, '문장에서 쓰일 때 단어의 형태가 변하는지 변하지 않는지', 둘째, '문장에서 어떤 기능을 하는지', 셋째, '문장에서 어떤 의미를 가지는지'에 따라 나누어지죠. 이러한 기준으로 우리말의 단어를 분류해 보면 총 9가지가 나오는데 이를 가리켜 '**9품사**'라고 하고, 품사의 이름은 다음과 같아요.

명사	대명사	수사	조사	동사
형용사	관형사	부사	감탄사	

그럼, 9개의 품사들이 어떤 기준으로 나누어진 것인지 하나씩 살펴봐요.

(1) 문장에서 형태가 변하는지 변하지 않는지에 따라

> **예** · 사과를 먹<u>다</u>.　　· 사과를 먹<u>는다</u>.　　· 사과를 먹<u>고 있다</u>.

변하는 것이 가능한 단어는 가변어!
변하는 것이 불가능한 단어는 불변어!

64

위 문장에서 '사과'는 형태가 바뀌지 않고 그대로 쓰이고 있지만, '먹다'는 '먹다, 먹는다, 먹고'와 같이 문장에서 필요에 따라 형태가 바뀌고 있어요. 이처럼 모든 단어는 문장에서 형태가 변하는 것과 변하지 않는 것으로 나누어 볼 수 있지요.

(2) 문장에서 어떤 기능을 하는지에 따라

품사를 나누는 두 번째 기준은 바로 문장에서의 역할이에요. 어떤 단어는 문장에서 몸통 역할을 하기도 하고, 또 어떤 단어는 다른 단어를 꾸며 주는 역할을 하기도 하죠. 다음 예를 통해 각 단어들이 어떤 역할을 하고 있는지 살펴봐요.

> **예** · <u>하늘</u>이 푸르다.

위 문장에서 '하늘'은 몸통의 역할을 하고 있어요. 문장에서 '무엇이', '누가'와 같은 내용이 없다면 무엇에 대한 내용인지 알 수가 없겠죠. 이렇게 <u>문장에서 동작이나 상태의 주체 역할을 하는 단어를 **체언**</u>이라고 해요.

> ⌐→ '체언'의 '체'는 '몸'이라는 뜻이에요.

> **예** · 동생<u>이</u> 잠을 잔다.　　· 동생<u>은</u> 잠<u>만</u> 잔다.　　· 동생<u>만</u> 잠을 잔다.

비슷해 보이는 문장이지만 '동생'과 '잠' 뒤에 어떤 단어가 놓였는지에 따라 문장의 의미가 많이 바뀌었지요? 이처럼 <u>문장 속에서 단어들의 관계를 나타내는 역할을 하는 단어를 **관계언**</u>이라고 해요.

> **예** · 키가 <u>매우</u> 크다.

'매우'는 이 문장에서 '크다'를 꾸며 주는 역할을 하고 있어요. '매우, 아주, 엄청' 등 다른 단어를 꾸며 주는 단어들이 있지요. 이처럼 <u>문장에서 다른 말을 수식하는(꾸며 주는) 역할을 하는 단어를 **수식언**</u>이라고 해요.

예 · <u>와</u>, 정말 좋다!   · <u>어머나</u>, 신기해라.

위 문장에서 '와'나 '어머나'는 감탄하는 느낌을 나타내는 데 쓰였어요. 이러한 단어들은 문장 안에서 혼자 쓰이는 것이 자연스럽고 다른 단어들과 관련이 적지요. 감탄사를 쏙 빼고 읽어도 문장의 의미에는 큰 영향을 주지 않아요. 이렇게 부름이나, 느낌, 대답 등을 나타내는 데 쓰이면서 다른 단어들보다 독립적인 성질을 지닌 단어를 **독립언**이라고 해요.

예 · 친구가 <u>달린다</u>.   · 코코아가 <u>따뜻하다</u>.

위 문장에서 '달린다'는 사람의 움직임을, '따뜻하다'는 사물의 상태와 성질을 나타내 주고 있어요. 이러한 단어들은 상황에 따라 다양하게 형태를 바꿀 수 있지요. '달리다, 달리고, 달리는'처럼 말이죠. 이처럼 사람이나 사물의 움직임이나 상태를 나타내는 역할을 하면서 변화시켜 사용할 수 있는 단어를 **용언**이라고 해요.

(3) 문장에서 어떤 의미를 지니는지에 따라

단어를 구분하는 마지막 기준은 바로 '의미'예요. 단어가 지닌 공통된 의미를 기준으로 단어를 나누는 것이죠. 앞에서 두 단계를 거쳐 구분된 단어들은 이제 '사'자 돌림 이름을 가지게 돼요.

예 ㉠ 나무   ㉡ 그것   ㉢ 하나

㉠처럼 사람이나 사물의 이름을 나타내는 단어를 **명사**라고 해요. '아들, 축구, 구름'같이 여러 가지 명사를 주변에서 쉽게 찾아볼 수 있죠. ㉡은 사람이나 사물의 이름을 대신 가리킬 때 쓸 수 있는 단어로 **대명사**라고 해요. 대표적으로 '나, 너, 이것, 저것' 등이 있어요. ㉢은 수량이나 순서를 나타내는 단어로 **수사**라고 불러요. '하나, 둘, 첫째, 둘째' 등이 있죠.

예 ㄹ 친구<u>와</u> 학교<u>에</u> 가다

ㄹ에서 '와'와 '에'는 혼자서는 쓸 수 없어요. 하지만 <u>다른 단어 뒤에 붙어서 문법적인 관계를 표시해 주거나 그 말에 특별한 뜻을 더해 주지요. 이러한 단어들은 '도와주는 말'이라는 뜻에서 '조사'</u>라고 불러요.

예 ㅁ 걷다 ㅂ 깨끗하다

ㅁ은 <u>사람이나 사물의 움직임을 나타내는 단어</u>예요. 이처럼 <u>동작을 나타내는 단어를 **동사**</u>라고 하고 ㅂ처럼 <u>사람이나 사물의 상태나 성질을 나타내는 단어를 **형용사**</u>라고 해요.

> 사물이나 사람의 생긴 모양을
> 한자어로 형용이라고 해요.

예 ㅅ 새 자동차 ㅇ 가장 유명하다 ㅈ 어머나

ㅅ의 '새'와 ㅇ의 '가장'은 각각 '자동차'와 '유명하다'를 꾸며 주고 있는 수식언이네요. 같은 수식언이라도 꾸미는 대상에 따라 나누어지는데, <u>ㅅ의 '새'처럼 체언(명사, 대명사, 수사)을 꾸며 주는 단어를 **관형사**</u>라고 하고, <u>ㅇ의 '가장'과 같이 용언(동사, 형용사)을 꾸며 주는 단어를 **부사**</u>라고 해요.
ㅈ은 <u>말하는 사람의 놀람이나 느낌, 부름, 대답을 나타낼 때 쓰는 단어인 **감탄사**</u>예요.

지금까지 단어를 나누는 기준에 대해 공부해 보았어요. 단어는 형태, 기능, 의미에 따라 나누어 볼 수 있었는데요. 기준에 따라 9개의 품사로 분류가 되었죠. 새로 나온 단어들도 많고 복잡하게 느껴질 수도 있겠지만 하나씩 정리하다 보면 어느덧 우리말 품사와 친해져 있을 거예요.

1 다음을 읽고 빈칸에 알맞은 말을 써 보세요.

> 단어는 (㉠)가 변하는지 변하지 않는지에 따라 불변어와 가변어로 나뉘고, (㉡)에 따라 체언, 관계언, 수식언, 독립언, 용언으로 나뉜다. 또한 단어들이 지니고 있는 공통된 (㉢)에 따라 명사, 대명사, 수사, 조사, 관형사, 부사, 감탄사, 동사, 형용사로 나눌 수 있다.

㉠ (   ) ㉡ (   ) ㉢ (   )

2 다음 중 문장에서 쓰일 때 형태가 바뀌는 단어를 모두 찾아 ○표 하세요.

> 짧다   빨리   달리다   사과   하나
>
> 모든   저것   차갑다   둘째   아이코

3 다음 단어들을 나눈 기준으로 알맞은 것을 찾아 ○표 하세요

(1)

사랑, 아주, 풍선, 저쪽, 다섯째	아름답다, 푸르다, 걷다, 먹다, 구르다

㉠ 형태   ㉡ 기능   ㉢ 의미

(2)

하늘, 책, 이것, 셋, 한라산	모든, 옛, 무척, 빨리, 정말

㉠ 형태   ㉡ 기능   ㉢ 의미

4 다음의 분류 기준에 맞추어 알맞은 기호를 <보기>에서 찾아 써 보세요.

보기	㉠ 체언 ㉡ 수식언 ㉢ 관계언 ㉣ 독립언 ㉤ 용언

(1) 동작이나 상태의 주체 기능을 하는 단어   (   )

(2) 사람이나 사물의 움직임이나 상태를 나타내는 역할을 하는 단어   (   )

5 다음 문장에서 <보기>의 조건에 맞는 단어를 모두 찾아 써 보세요.

보기	민준이는 오늘도 학교에 제일 먼저 왔다. 조건: 문장 속에서 단어들의 관계를 나타내거나 그 말의 뜻을 도와주는 　　　역할을 하는 단어

（　　　　　　　　　　　）

6 다음 설명에 해당하는 단어를 <보기>에서 찾아 써 보세요.

보기	· 눈이 하늘하늘 내린다　　· 그녀가 노래를 부른다

(1) 사람이나 사물의 이름을 나타내는 단어: （　　　　　　　　　）

(2) 사람이나 사물의 이름을 대신 나타내는 단어: （　　　　　　　　　）

(3) 사람이나 사물의 움직임을 나타내는 단어: （　　　　　　　　　）

7 다음 단어 중 문장에서 부름이나 느낌 등을 나타내는 단어에는 '감' 다른 단어를 꾸며 주는 역할을 하는 단어에는 '수'라고 써 보세요.

(1) 매우 （　　　）　　　　　　(2) 네 （　　　）

(3) 아주 （　　　）　　　　　　(4) 영차 （　　　）

(5) 어이쿠 （　　　）　　　　　(6) 여보세요 （　　　）

4. 품사 1 (명사, 대명사, 수사, 조사)

1. 명사

은정이와 지민이가 독립문에 문화 탐방을 다녀왔어요. 사진도 예쁘게 찍었네요. 사진을 들여다보니 '은정, 지민, 독립문, 가방'처럼 이름을 나타내는 단어들이 많이 보이네요. 이렇게 사람이나 사물, 개념이나 현상의 이름을 나타내는 단어들을 **명사**라고 해요. 그럼, 명사의 특징을 알아볼까요?

  예 누나가 물을 마신다.

위 문장에서 명사는 '누나'와 '물'이에요. 명사는 문장에서 쓰일 때 그 형태가 바뀌지 않아요. 또한 문장에서 '누가' 또는 '무엇을'과 같이 동작의 주체나 목적을 나타내는 말로 쓰이죠. 이렇게 문장에서 몸통의 기능을 하는 단어들을 체언이라고 해요..

예 컴퓨터로 세종대왕에 대해 알아봤다.

명사는 특성에 따라서 다시 종류를 나누어 볼 수 있어요. 먼저, '컴퓨터'처럼 같은 종류의 사물들에 두루 쓰이는 명사는 '**보통 명사**'라고 불러요. 한편, '세종대왕'은 이 세상에 한 명뿐이죠. 이렇게 특정한 사람이나 사물을 다른 것과 구별하기 위해 붙인 명사를 '**고유 명사**'라고 해요. 사람 이름이나 지역 이름, 상품의 이름 등이 고유 명사에 해당해요.

예 선생님은 우정을 중요하게 생각하신다.

명사는 눈으로 볼 수 있는지 없는지에 따라서도 나누어져요. '선생님'은 볼 수도 있고 만질 수도 있는 구체적인 사람(사물)이죠. 이렇게 눈에 보이는 사물을 나타내는 명사는 '**구체 명사**'라고 해요. 반면, '우정'은 눈에 보이지도 않고 만질 수도 없지만 무엇을 뜻하는 것인지 알 수 있죠. 이처럼 눈에 보이지 않는 개념을 나타내는 명사는 '**추상 명사**'라고 불러요.

예 저 가방은 내 것이다.

'가방'과 '것' 모두 명사이지만 두 단어에는 차이점이 있어요. 바로 '혼자서 쓸 수 있는지 없는지' 여부예요. '가방'은 앞에 다른 말이 없어도 혼자 쓸 수 있지만 '것'은 '내'라는 말이 없으면 말이 안 돼요. '가방'처럼 혼자서 자립적으로 쓰이는 명사는 '**자립 명사**'라고 하고, '것'처럼 다른 단어의 꾸밈을 받아야만 쓰일 수 있는 명사는 '**의존 명사**'라고 해요.

2. 대명사

대명사는 사람이나 사물, 개념이나 장소의 이름을 대신하여 가리키는 단어예요. 대명사는 명사의 친구이기 때문에 명사와 마찬가지로 문장에서 형태가 바뀌지 않고, 동작의 주체나 목적을 나타내는 말로 쓰이는 체언에 속해요.

예 <u>나</u>는 진우입니다.

<u>여기</u>는 방입니다.

<u>저것</u>은 꽃병입니다.

대명사는 크게 둘로 나뉘어요. 위 문장의 '나'와 같이 사람의 이름을 대신하여 쓰는 경우와 '여기', '저것'처럼 장소나 사물의 이름을 대신하여 쓰는 경우죠.

'나, 너, 우리, 이분, 저분'처럼 사람의 이름을 대신하여 나타내는 대명사를 '**인칭 대명사**'라고 하고, '이것, 저것, 여기, 저기'처럼 사물이나 장소의 이름을 대신하여 나타내는 대명사는 '<u>지시 대명사</u>'라고 해요.

> 사람(人)을 지칭하는 인칭 대명사!
> 장소나 사물을 지시하는 지시 대명사!

3. 수사

하나, 둘, 셋, 넷…… 물건을 셀 때 우리는 수를 사용하죠. 수사의 '수'는 '숫자'를 나타내는 말로, <u>수사는 사물의 수량이나 순서를 가리키는 단어예요.</u>

예 ㉠ 연필 <u>하나</u>만 빌려줘.　㉡ 내가 교실에 <u>첫째</u>로 도착할 것이다.

㉠의 '하나'는 사물의 수량을 나타내고 있어요. 이와 같은 수사는 '**양수사**'라고 해요. 수량의 '량'을 생각하면 기억하기 쉬워요. ㉡의 '첫째'는 '가장 먼저'라는 순서를 나타내고 있네요. 이처럼 사물의 순서를 나타내는 수사는 '**서수사**'라고 불러요. 순서의 '서'를 생각하면 쉽게 기억할 수 있어요. <u>수사도 명사, 대명사와 마찬가지로 체언에 포함돼요.</u>

> 수사와 비슷하게 생겼지만 '한 개', '두 번'
> 할 때의 '한', '두'는 뒤에 쓰인 '개'와 '번'을
> 꾸며 주는 역할을 하는 '관형사'예요.
> (참고. 83쪽)

4. 조사

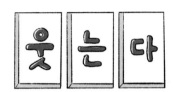

예 지우<u>가</u> 웃는다

지우<u>만</u> 웃는다

낱말 카드의 빈칸에 여러 가지 말을 넣어 보세요. 빈칸에 들어가는 말에 따라 문장의 의미가 달라지는 것을 알 수 있어요. '가'는 '지우' 뒤에 붙어 '지우'를 문장의 주체가 되게 만들고, '만'은 '지우' 뒤에 붙어 대상을 한정해 주고 있어요. 이처럼 <u>주로 체언 뒤에 붙어 문법적인 관계를 표시해 주거나 특별한 뜻을 더해 주는 단어를 **조사**라고 해요.</u>
조사는 앞서 배운 것처럼 <u>문장 속에서 단어들의 관계를 나타내는 관계언이에요. '이다'라는 조사를 제외하면 문장 속에서 모양도 변하지 않죠.</u> (참고. 67쪽)

조사는 쓰임에 따라 세 가지로 나눌 수 있어요.

예 ㉠ 진달래꽃<u>이</u> 활짝 피었다.

㉡ 진달래꽃<u>만</u> 활짝 피었다.

㉢ 진달래꽃<u>과</u> 개나리꽃이 활짝 피었다.

㉠의 '이'는 '진달래꽃'을 이 문장의 주체인 '무엇이'가 되도록 만들어 줘요. 이처럼 <u>앞말이 다른 말에 대해 어떤 자격을 갖도록 만들어 주는 조사를 '**격조사**'</u>라고 하는데, 대표적으로 '이, 가, 을, 를, 에게, 이다' 등이 있어요. ㉡의 '만'은 '다른 것은 빼고 그것만'이라는 한정의 뜻을 더해 주고 있어요. <u>'만'처럼 앞말에 특별한 뜻을 더해 주는 조사는 '**보조사**'</u>라고 해요. 대표적인 보조사는 '은, 는, 도, 만, 마저' 등이에요. ㉢의 '과'는 '진달래꽃'과 '개나리꽃'을 같은 자격이 되도록 이어 주고 있어요. 이처럼 <u>두 단어를 같은 자격으로 이어 주는 역할을 하는 조사를 '**접속 조사**'</u>라고 해요. '와, 과, (이)랑, 하고' 등이 대표적이죠.

문장에서 어떤 조사가 쓰이는지에 따라 의미가 달라진다는 것을 잘 알았죠? 알쏭달쏭해 보이지만 우리가 평소에 자주 쓰는 말들이니 조사를 더욱 바르게 쓸 수 있도록 노력해 봐요.

1 다음 내용 중 옳은 것에는 ○표, 옳지 않은 것에는 ×표 하세요.

(1) 명사는 사물, 개념, 현상의 이름을 나타내는 품사이다. ( )

(2) 대명사는 사물의 수량이나 순서의 이름을 대신하여 가리키는 품사이다. ( )

(3) 조사는 주로 체언 뒤에 붙어 문법적인 관계를 표시하거나 특별한 뜻을 더한다. ( )

2 다음 밑줄 친 단어의 품사로 알맞은 것을 빈칸에 쓰세요.

> 정은: 와, ㉠과자다.
> 하율: ㉡이것이 과자야? ㉢하나만 먹었으면 좋겠다.

㉠ ( ) ㉡ ( ) ㉢ ( )

3 다음 문장에서 명사를 모두 찾아 ○표 하세요.

(1) 진수와 기차를 타고 할머니를 만나러 간다.

(2) 경복궁에는 자랑스러운 문화재가 많이 있다.

(3) 평화는 정말 소중한 것이라는 생각을 했다.

4 밑줄 친 명사의 종류로 알맞은 것을 고르세요.

(1) 떡볶이 한 접시 주세요. ㉠ 보통 명사 ㉡ 고유 명사

(2) 변하지 않는 우정을 약속하자. ㉠ 구체 명사 ㉡ 추상 명사

(3) 동생은 이름도 쓸 줄 모른다. ㉠ 자립 명사 ㉡ 의존 명사

5 다음 중 인칭 대명사에는 ○표, 지시 대명사에는 △표 하세요.

ⓝ 나	△여기	그녀	저것	우리
그곳	저희	저기	너희	그분

6 <보기>와 같이 주어진 단어가 양수사이면 '양', 서수사이면 '서'라고 써 보세요.

보기	셋째 ➜ (서)

⑴ 다섯 ➜ (   )   ⑵ 십삼 ➜ (   )   ⑶ 한둘 ➜ (   )

⑷ 제삼 ➜ (   )   ⑸ 만이천 ➜ (   )   ⑹ 열둘째 ➜ (   )

7 다음 문장에서 조사를 모두 찾아 ○표 하세요.

지윤이랑 재하는 집에서 아빠하고 빵과 피자를 먹었다.

8 빈칸에 들어갈 알맞은 조사를 <보기>에서 찾아 써 보세요.

보기	만 을 과 는 에 로

⑴ 횡단보도가 없어서 육교(   ) 건너야 한다.

⑵ 엄마는 손님께 수박(   ) 시원한 음료수를 대접했다.

⑶ 감기에 걸려 나(   ) 소풍을 가지 못해 아쉬웠다.

5. 품사 2 (동사, 형용사)

1. 동사

친구들은 오늘 하루를 어떻게 보냈나요? 잘 자고 밥도 맛있게 먹고, 재밌게 뛰어놀았나요? 아침부터 하루 종일 바쁘게 움직이다 보면 어느새 잠을 자야 할 시간이 찾아와서 아쉽기도 하죠. 놀 시간은 항상 부족하기만 해요.

친구의 생활계획표도 한번 살펴보세요. 하루 동안 열심히 움직이는 모습들이 여러 가지 단어들로 나타나 있어요. 이렇게 <u>사람이나 사물의 움직임을 나타내 주는 단어</u>를 **동사**라고 해요. 동사의 '동'은 움직인다는 뜻이죠. '먹다', '씻다', '읽다', '놀다', '보다,' '자다' 등이 바로 동사예요.

예 책을 읽다.

     → 읽고

     → 읽으니

     → 읽으면

     → 읽자

     → 읽는구나

동사는 문장 속에서 여러 가지 형태로 쓰여요. 문장에서 형태가 바뀌지 않는 부분을 '말의 줄기'라는 뜻에서 **'어간'**이라고 하고, 형태가 바뀌는 부분을 '말의 꼬리'라는 뜻에서 **'어미'**라고 불러요. 동사의 기본형은 일반적으로 어간에 '-다'가 붙은 형태인데, 동사는 어미 부분이 여러 가지 형태로 활용이 돼요. 여기에서는 '-고, -(으)니, -(으)면' 등이 어미예요. 국어에서는 이처럼 활용을 하는 말을 **용언**(활용하는 말)이라고 불러요.

모든 동사의 기본형이 '어간+-다'인 것은 아니에요.
예를 들어 '돕다'는 '도우니, 도와서, 도우면'으로 활용해요.

이러한 용언은 순우리말로는 '풀이씨'라고 부르는데 문장에서 문장의 주체를 풀이하는 서술어의 역할을 해요. 문장 속에 주체가 되는 단어만 달랑 있으면 안 되고, 뒤에 서술해 주는 말이 따라와야 하겠죠? 이처럼 동사는 문장에서 대단히 중요한 역할을 맡고 있어요.

2. 형용사

다정해 보이는 가족 사진이에요. 친구들도 어릴 적 사진을 보면서 가족들과 도란도란 이야기를 나누어 본 적이 있을 거예요. "어릴 적에는 키가 작았네!", "볼살이 참 통통했구나"하면서 말이죠.

'작다, 통통하다'뿐만 아니라 가족 사진에 나온 '길다, 파랗다, 짧다, 짙다, 귀엽다'라는 단어들을 보면 하나의 공통점을 발견할 수가 있어요. 그것은 사람이나 사물의 상태나 성질을 나타내는 단어라는 점인데, 이러한 단어들을 국어에서는 **형용사**라고 해요.

> **예** 달리기가 <u>빠르다</u>.
> → 빠르고
> → 빠르니
> → 빠르면

<u>형용사도 동사처럼 문장 안에서 여러 가지 형태로 사용되는 용언이에요.</u> 따라서 형용사도 문장에서 문장의 주체를 서술하는 역할을 담당하죠.

형용사와 동사는 많이 닮았지만 아주 커다란 차이점이 있어요. 그것은 바로 형용사가 동사에 비해 활용할 수 있는 범위가 제한적이라는 점이에요.

> **예** ㉠ 자리에 <u>앉다</u>. → 자리에 <u>앉자</u>. (○)
> 　　　　　　　　　자리에 <u>앉아라</u>. (○)
> 　　　　　　　　　자리에 <u>앉는다</u>. (○)
>
> 　　ㄴ 옷이 <u>따뜻하다</u>. → 옷이 <u>따뜻하자</u>. (×)
> 　　　　　　　　　　옷이 <u>따뜻해라</u>. (×)
> 　　　　　　　　　　옷이 <u>따뜻한다</u>. (×)

㉠의 문장은 어색하지 않지만, ㄴ의 문장은 어색하게 느껴지죠? 그 이유는 형용사는 '요청'과 '명령' 표현을 사용할 수 없기 때문이에요. 동사는 어떤 움직임을 해 달라고 요청하거나 명령할 수 있지만, 사람이나 사물의 상태나 성질을 나타내는 형용사는 무엇을 요청하거나 명령할 수 없는 것이죠.

또한 동사는 '-는다/-ㄴ다'와 같은 어미를 사용해서 현재의 상태를 나타낼 수 있지만, 형용사는 그러한 어미를 사용할 수 없고 '따뜻한 옷'과 같이 나타내야 해요. 이러한 차이점을 통해 동사와 형용사를 구별할 수 있어요.

1 다음 내용 중 옳은 것에는 ○표, 옳지 않은 것에는 ×표 하세요.

(1) 동사는 문장에서 주로 주어로 쓰인다. ( )

(2) 형용사는 문장에서 문장의 주체를 서술하는 역할을 한다. ( )

(3) 형용사는 동사와 달리 요청이나 명령 표현으로 쓸 수 있다. ( )

(4) 동사의 일반적인 기본형은 형태가 달라지는 부분에 '-다'를 붙인 것이다. ( )

2 다음을 읽고 빈칸에 알맞은 말을 써 보세요.

> 동사와 형용사를 묶어서 (㉠)이라고 하며, 문장에서의 쓰임에 따라
> (㉡)가 변하기도 한다.

㉠ ( ) ㉡ ( )

3 다음 단어 중에서 동사를 모두 찾아 ○표 하세요.

(1) 오다　봄　어린이　울다　시냇물

(2) 소리　바람　구르다　멋쟁이　만나다

(3) 편지　나누다　얼굴　꼬마　입다

4 <보기>와 같이 문장에서 동사를 모두 찾고 각각의 기본형을 써 보세요.

| 보기 | 몇 번이나 지우고 다시 쓴 사과 편지를 친구에게 보냈다.
➡ **지우다, 쓰다, 보내다** |

(1) 창문도 닦고 바닥에 쌓인 먼지도 쓰니 마음이 상쾌하다.

　　　➡ (　　　　　　　　　　　　　　　　　　　　　)

(2) 바람을 타고 날아온 꽃향기가 기분 좋게 코끝을 간질였다.

　　　➡ (　　　　　　　　　　　　　　　　　　　　　)

5 다음 단어 중에서 형용사를 모두 찾아 ○표 하세요.

(1) 노을　　　귀엽다　　　잔디밭　　　맵다　　　반짝이다

(2) 그립다　　　손수건　　　예쁘다　　　파랑새　　　초가집

(3) 맑다　　　빗방울　　　돛대　　　둥글다　　　미끄럽다

6 밑줄 친 단어의 품사로 알맞은 것을 고르세요.

(1) 저 개그맨은 정말 <u>재미있다</u>.　　　㉠ 동사　　　㉡ 형용사

(2) 복도에서 <u>뛰다가</u> 넘어졌다.　　　㉠ 동사　　　㉡ 형용사

(3) 할머니는 <u>싱거운</u> 음식을 좋아하신다.　　　㉠ 동사　　　㉡ 형용사

7 다음 단어가 활용한 모습으로 알맞지 않은 것을 찾아 밑줄 치세요.

(1) 날다 ➡ 날고　　　나니　　　날아서　　　날은다

(2) 무겁다 ➡ 무겁고　　　무거우니　　　무거워서　　　무겁자

6. 품사 3 (관형사, 부사, 감탄사)

1. 관형사

관형사	체언	

텔레비전 사극 드라마에서 갓을 쓴 배우들을 본 적이 있나요? 여러 가지 모양의 갓이 등장인물들을 더욱 멋지게 꾸며 주죠. 우리말도 마찬가지예요. 단어를 꾸며 주는 말이 있어서 우리말 표현을 더욱 풍부하고 재미있게 만들어 주는데 그것이 바로 관형사예요. 관형사는 한자어로 '갓을 쓰고 있는 말'이라는 뜻이에요. 단어가 갓을 쓰고 있는 모습을 상상해 보세요. 정말 재미있죠?

관형사는 주로 체언인 명사, 대명사, 수사를 꾸며 주는 역할을 하는 품사예요. 머리 위에 쓰는 갓처럼 문장에서 쓰일 때 체언의 앞에서 체언을 꾸며 주죠. 그럼, 관형사의 예를 몇 가지 살펴볼까요?

예
- 엄마가 <u>새</u> 옷을 사 주셨다.
- <u>헌</u> 옷을 잘라 인형 옷을 만들었다.

같은 옷이지만 앞에 놓이는 관형사에 따라 의미가 달라지는 것을 알 수 있어요. 그만큼 관형사는 문장에서 중요한 역할을 담당하죠.

관형사는 크게 세 가지로 나누어 볼 수 있어요.

> **예** ㉠ 앨범에서 <u>옛</u> 사진을 꺼내 보았다.
>
> ㉡ <u>이</u> 가방이 더 가볍고 좋다.
>
> ㉢ 자동차 <u>한</u> 대가 집 앞에 서 있다.

㉠의 '옛'은 사람이나 사물의 성질이나 상태를 꾸며 주는 관형사인 '**성상 관형사**'예요. 성상이란 '성질과 상태'라는 뜻이죠. '새, 헌, 온갖' 등이 성상 관형사예요. ㉡의 '이'는 어떤 대상을 가리키는 관형사인 '**지시 관형사**'예요. 지시 관형사는 체언을 꾸미면서 대상을 가리키는 역할을 하죠. 대표적으로 '이, 그, 저' 등이 있어요. ㉢의 '한'은 수량이나 순서를 나타내면서 뒤에 오는 체언을 꾸며 주고 있죠. 이러한 관형사는 '**수 관형사**'라고 해요. 수 관형사는 수사처럼 보이지만, 뒤에 오는 말을 꾸며 주는 역할을 해요. 수 관형사의 예로는 '한, 두, 여럿, 몇' 등이 있어요.

지금까지 살펴본 것처럼 관형사는 다른 말을 꾸며 주는 역할을 하는데 이러한 말들을 **수식언**이라고 해요. '꾸며 주는 말'이라는 뜻이죠. 이러한 수식언은 문장에서 쓰일 때 모양이 변하지 않아요.

2. 부사

ㄱ 넘어져서 무릎이 <u>조금</u> 아프다.

ㄴ 심한 감기에 걸려 <u>매우</u> 아프다.

ㄱ과 ㄴ의 밑줄 친 부분을 보세요. 둘 다 '아프다'라는 말을 꾸며 주고 있어요. 이처럼 문장에서 주로 용언인 동사와 형용사를 꾸며 주는 역할을 하는 품사를 **부사**라고 해요. 부사는 '돕는 말'이라는 뜻으로 단어에 '<u>어떻게</u>'라는 의미를 더해 주어 용언의 뜻을 분명하고 구체적으로 만들어 줘요.

부사도 문장에서 다른 말을 꾸며 준다는 점에서 관형사와 같은 수식언에 해당해요. 하지만 관형사는 체언을 꾸미고, 부사는 주로 용언을 꾸민다는 점에서 차이가 있죠.

그런데 부사는 반드시 용언만을 꾸미지는 않아요. 때로는 다른 부사나 관형사를 꾸며 주기도 하고, 문장 전체를 꾸미는 역할을 하기도 하죠. 무엇을 꾸미는지에 따라서 부사의 종류를 나누어 볼 수 있어요.

소리를 흉내 내는 의성어나 모양을 흉내 내는 의태어도 부사예요.

예 © 밥을 <u>아주</u> <u>많이</u> 먹었다.

② 초등학교는 우리 집 <u>바로</u> <u>뒤</u>이다.

⑩ <u>과연</u> 우리가 <u>이길</u> 수 있을까?

©에서는 부사가 다른 부사를 꾸며 주고 있어요. 부사인 '아주'가 '많이'를 꾸며 주어 의미가 더 자세해졌어요. ②에서는 부사 '바로'가 명사 '뒤'를 꾸며 주고 있죠. 이처럼 <u>문장의 다른 성분(동사, 명사, 부사, 관형사)을 꾸며 주는 부사를 '성분 부사'</u>라고 해요.

한편 ⑩은 '과연'이라는 부사가 뒤의 문장 전체를 꾸며 주고 있어요. 이렇게 <u>문장 전체를 꾸며 주거나 이어 주는 부사를 '문장 부사'</u>라고 해요.

> 부사는 조사와 결합할 수도 있어요.
> 예 너무도 달콤하다.

3. 감탄사

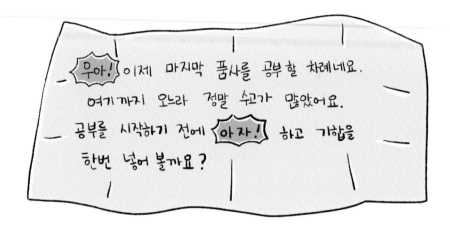

다들 기합은 잘 넣었나요? 그럼 쪽지를 다시 한번 보세요. 쪽지에 쓰인 '우아', '아자'는 모두 말하는 이의 느낌이나 놀람을 나타내고 있어요. 이렇게 <u>문장에서 말하는 사람의 감정이나 느낌, 부름이나 대답, 입버릇으로 내는 단어를 **감탄사**</u>라고 해요.

아래 문장을 보면서 어떤 감탄사들이 있는지 알아봐요.

> **예** ㉠ <u>어머!</u> 깜짝이야.
>
> ㉡ <u>야</u>, 나랑 같이 가자.
>
> ㉢ <u>네</u>, 알겠습니다.

㉠의 '어머'는 느낌이나 놀람을 나타내고 있고, ㉡의 '야'는 부름을 나타내고 있네요. ㉢의 '네'는 대답을 나타내는 감탄사예요. 이밖에도 일상생활에서 많은 감탄사가 쓰이고 있어요.

감탄사는 문장에서 쓰일 때 다른 말과 관계를 맺지 않고, 독립적으로 쓰여요. ㉠, ㉡, ㉢에서 감탄사를 빼더라도 문장의 내용에는 영향을 주지 않아요. 그래서 감탄사는 **독립언**에 해당하죠. 독립적이라는 것은 문장에서 위치가 비교적 자유롭다는 것을 뜻해요. 체언의 뒤에 붙는 조사나, 꾸미는 말 앞에 놓이는 관형사와는 달리 <u>감탄사는 문장의 가운데나 끝에도 들어갈 수 있어요.</u>

그런데 감탄사처럼 보이지만 사실은 감탄사가 아닌 것들이 있어요.

> **예** ㉣ <u>윤지야</u>! 어디 가?
>
> ㉤ <u>우정</u>, 얼마나 소중한 것인가!

㉣의 '윤지야'는 '야'도 있고 느낌표도 있어서 마치 감탄사 같지만 사실은 명사에 조사 '야'가 붙은 것이에요. 또한 감탄사 뒤에 문장이 계속될 때는 보통 반점(,)이 오기 때문에 ㉤의 '우정' 역시 감탄사로 오해하기 쉽지만 이러한 제시어나 표제어도 감탄사가 아니에요.

만약 우리말에 감탄사가 없었다면 수많은 감정들을 어떻게 표현할 수 있었을까요? 우리말을 더욱 생동감 있게 만들어 주는 감탄사를 일상생활에서 많이 사용해 봐요.

1 다음 내용 중 옳은 것에는 ○표, 옳지 않은 것에는 ×표 하세요.

(1) 관형사는 체언을 꾸미고 부사는 용언을 꾸민다. ( )

(2) 부사는 문장에서의 위치가 비교적 자유로운 편이다. ( )

(3) 관형사, 부사, 감탄사에는 모두 조사가 붙을 수 없다. ( )

2 다음 문장에서 관형사를 모두 찾아 ○표 하세요.

(1) 저 아이가 내 동생이에요.

(2) 헌 책상을 버리고 새 책상을 샀다.

(3) 장미꽃 한 송이를 선물로 받았어요.

3 밑줄 친 관형사의 종류로 알맞은 것을 찾아 기호를 써 보세요.

보기	㉠ 성상 관형사 ㉡ 지시 관형사 ㉢ 수 관형사

(1) 아저씨, 그 가방은 얼마인가요? ( )

(2) 친구와 몇 시간 동안이나 이야기를 나누었다. ( )

(3) 부모님은 온갖 정성을 다해 우리를 키우신다. ( )

4 밑줄 친 단어의 품사로 알맞은 것을 찾아 선으로 이으세요.

(1) 여보게, 그 소식 들었나?　　·　　　　·　㉠ 관형사

(2) 이리 와서 이것 좀 봐!　　·　　　　·　㉡ 부사

(3) 모든 사람이 행복하길 바라요.　·　　·　㉢ 감탄사

5 다음 문장에서 부사를 모두 찾아 ○표 하세요.

(1) 글자가 작아서 잘 보이지 않아요.

(2) 어릴 때부터 함께 놀던 친한 친구예요.

(3) 달려갔지만 이미 버스는 떠난 후였어요.

6 밑줄 친 부사의 종류로 알맞은 것을 고르세요.

(1) <u>제발</u> 시험에 합격했으면 좋겠어요.　　　　ㄱ 성분 부사　ㄴ 문장 부사

(2) 우리 집은 여기서 <u>아주</u> 가까워요.　　　　　ㄱ 성분 부사　ㄴ 문장 부사

(3) <u>설마</u> 나에게 거짓말한 것은 아니겠지?　　　ㄱ 성분 부사　ㄴ 문장 부사

7 다음 중 감탄사에 대한 설명으로 옳은 것에는 ○표, 옳지 않은 것에는 ×표 하세요.

(1) 감탄사는 문장에서 다른 단어와 밀접한 관계를 맺는다.　　　　　(　　)

(2) 감탄사는 문장에서의 위치가 비교적 자유롭다.　　　　　　　　(　　)

(3) 문장에서 생략되어도 문장 내용에 영향을 주지 않는다.　　　　　(　　)

8 다음 문장에서 감탄사를 모두 찾아 써 보세요.

(1) 아, 산에 오르니 공기가 정말 맑구나.　➡ (　　　　　　　)

(2) 어휴, 숙제가 너무 많아서 고민이야.　➡ (　　　　　　　)

(3) 네, 엄마 잠시만요! 금방 갈게요.　➡ (　　　　　　　)

★ 단어와 형태소

 56 쪽

단어	형태소
-뜻을 가지고 있으면서 홀로 쓰일 수 있는 말. 또는 홀로 쓰일 수 있는 말 뒤에 붙어 쉽게 분리될 수 있는 말의 가장 작은 단위 -조사도 단어에 포함됨.	-뜻을 가진 가장 삭은 말의 난위 -더 이상 나누면 뜻을 잃어버림.

＊ 조사: '이/가', '은/는'처럼 다른 말 뒤에 붙어 단어의 관계를 나타내거나 뜻을 돕는 말

★ 단어와 형태소의 관계

 57 쪽

- 단어는 하나 또는 그 이상의 형태소로 이루어짐.

한 개의 형태소	강, 산, 바다
두 개의 형태소	밤 + 나무 → 밤나무
세 개의 형태소	먹- + -었- + -다 → 먹었다
네 개의 형태소	뛰- + -었- + -겠- + -다 → 뛰었겠다

★ 어근과 접사

 60 쪽

- 어근: 단어에서 실질적인 의미를 나타내는 형태소 (예) '맨발'의 '발'
- 접사: 홀로 쓰이지 못하고 다른 어근이나 단어에 붙어서 뜻을 더해 주거나 제한하는 형태소
    (예) '맨발'의 '맨-'

★ 단일어와 복합어

 60 쪽

(1) 단일어: 하나의 어근으로 이루어진 단어 (예) 호박, 어머니
(2) 복합어: 둘 이상의 어근 또는 어근과 접사로 이루어진 단어
    (예) 호박꽃(호박 + 꽃), 덧버선(덧- + 버선)

⭐ 합성어와 파생어

참고 >> 61쪽

(1) 합성어: 둘 이상의 어근으로만 이루어진 단어

   (예) 꽃병(꽃 + 병), 콩나물(콩 + 나물)

(2) 파생어: 어근과 접사의 결합으로 이루어진 단어

   (예) 햇과일(햇- + 과일), 멋쟁이(멋 + -쟁이)

⭐ 품사의 분류

참고 >> 64~67쪽

- 품사: 공통된 성질을 지닌 것끼리 모아 놓은 단어들의 갈래
- 품사의 분류: (1) 문장에서 쓰일 때 형태의 변화 유무

   (2) 문장에서 단어의 기능

   (3) 문장에서 단어의 의미

	형태의 변화 유무	단어의 기능	단어의 의미
단어	불변어 (형태가 변하지 않는 단어)	체언	명사
			대명사
			수사
		관계언	조사
		수식언	관형사
			부사
		독립언	감탄사
	가변어 (형태가 변하는 단어)	용언	동사
			형용사

⭐ 명사

참고 》 70 쪽

형태	문장에서 쓰일 때 형태가 바뀌지 않음.
기능	동작의 주체나 목적을 나타내는 말로 쓰임. → 체언
의미	사람이나 사물의 이름을 나타냄.

⭐ 명사의 종류

참고 》 71 쪽

종류	뜻	예
보통 명사	같은 종류의 사물들에 두루 쓰이는 명사	컴퓨터, 사과, 책상
고유 명사	특정한 사람이나 사물을 다른 것과 구별하기 위해 붙인 명사. 사람 이름이나 지역 이름, 상품명 등	세종대왕, 경복궁, 김은우
구체 명사	눈에 보이는 사물을 나타내는 명사	선생님, 의자, 가방
추상 명사	눈에 보이지 않는 사물을 나타내는 명사	사랑, 우정, 평화
자립 명사	혼자서 자립적으로 쓰이는 명사	나무, 구름, 학교
의존 명사	다른 단어의 꾸밈을 받아야만 쓰일 수 있는 명사	것, 줄, 수

⭐ 대명사

참고 》 71 쪽

형태	문장에서 쓰일 때 형태가 바뀌지 않음.
기능	동작의 주체나 목적을 나타내는 말로 쓰임. → 체언
의미	사람이나 사물, 개념이나 장소의 이름을 대신하여 가리킴.

★ 대명사의 종류

참고 72쪽

종류	뜻	예
인칭 대명사	사람의 이름을 대신하여 나타내는 대명사	나, 너, 우리, 저희
지시 대명사	사물이나 장소의 이름을 대신하여 나타내는 대명사	이것, 저것, 여기, 저기

★ 수사

참고 72쪽

형태	문장에서 쓰일 때 형태가 바뀌지 않음.
기능	동작의 주체나 목적을 나타내는 말로 쓰임. → 체언
의미	사물의 수량이나 순서를 가리킴.

★ 수사의 종류

참고 72쪽

종류	뜻	예
양수사	사물의 수량을 나타내는 수사	하나, 둘, 일, 이
서수사	사물의 순서를 나타내는 수사	첫째, 둘째, 셋째

※ 수사와 비슷하게 생긴 관형사에 주의!

(예) '한 개', '두 번' 할 때의 '한', '두'는 뒤에 쓰인 '개'와 '번'을 꾸며 주는 관형사임. (참고. 83쪽)

★ 조사

참고 》 73쪽

형태	문장에서 쓰일 때 형태가 바뀌지 않음.
기능	문장 속에서 단어들의 관계를 나타냄. → 관계언
의미	주로 체언 뒤에 붙어 문법적인 관계를 표시해 주거나 특별한 뜻을 더해 줌.

★ 조사의 종류

참고 》 73쪽

종류	뜻	예
격조사	앞말이 다른 말에 대해 어떤 자격을 갖도록 만들어 주는 조사	이, 가, 을, 를, 에게, 이다
보조사	앞말에 특별한 뜻을 더해 주는 조사	은, 는, 도, 만, 마저
접속 조사	두 단어를 같은 자격으로 이어 주는 역할을 하는 조사	와, 과, (이)랑, 하고

☆ 동사

참고 >> 76~77 쪽

형태	문장에서 쓰일 때 형태가 바뀜.
기능	문장에서 문장의 주체를 풀이하는 서술어의 역할을 함. → 용언
의미	사람이나 사물의 움직임을 나타냄.

☆ 동사의 활용

참고 >> 77 쪽

-어간: 용언이 문장에서 쓰일 때 형태가 바뀌지 않는 부분

-어미: 용언이 문장에서 쓰일 때 형태가 바뀌는 부분

-문장 속에서 어미 부분이 여러 가지 형태로 활용이 됨. (예) 읽다, 읽으니, 읽으면 등

-일반적으로 어간에 '-다'를 붙인 것이 동사의 기본형이지만 그렇지 않은 것도 있음.

☆ 형용사

참고 >> 78 쪽

형태	문장에서 쓰일 때 형태가 바뀜.
기능	문장에서 문장의 주체를 풀이하는 서술어의 역할을 함. → 용언
의미	사람이나 사물의 상태나 성질을 나타냄.

☆ 형용사의 활용

참고 >> 78~79 쪽

-문장 속에서 어미 부분이 여러 가지 형태로 활용이 됨. (예) 예쁘다, 예쁘니, 예쁘면 등

-동사에 비해 활용할 수 있는 범위가 제한적임. → 요청과 명령 표현을 사용할 수 없고,

 '-는다/-ㄴ다'와 같은 어미를 사용해서 현재의 상태를 나타낼 수 없음.

⭐ 관형사

참고 82 쪽

형태	문장에서 쓰일 때 형태가 바뀌지 않음.
기능	문장에서 다른 단어를 꾸며 주는 역할을 함. → 수식언
의미	문장에서 주로 체언인 명사, 대명사, 수사를 꾸며 주는 역할을 함.

⭐ 관형사의 종류

참고 83 쪽

종류	뜻	예
성상 관형사	사람이나 사물의 성질이나 상태를 꾸며 주는 관형사	새, 헌, 온갖
지시 관형사	어떤 대상을 가리키는 관형사	이, 그, 저
수 관형사	수량이나 순서를 나타내면서 뒤에 오는 체언을 꾸며 주는 관형사	한, 두, 여럿, 몇

※ 수 관형사와 수사 구분하기! 뒤에 오는 다른 말을 꾸며 주는 것은 수 관형사이고,
꾸며 주는 것이 없는 것은 수사임. (예) 한 개 (수 관형사) / 사과 하나만 주세요. (수사)

⭐ 부사

참고 84 쪽

형태	문장에서 쓰일 때 형태가 바뀌지 않음.
기능	문장에서 다른 단어를 꾸며 주는 역할을 함. → 수식언
의미	문장에서 주로 용언인 동사와 형용사를 꾸며 주는 역할을 함.

⭐ 부사의 종류

참고 >> 84쪽

종류	뜻	예
성분 부사	문장의 다른 성분(동사, 명사, 부사, 관형사)을 꾸며 주는 부사	잘, 매우, 너무
문장 부사	문장 전체를 꾸며 주거나 이어 주는 부사	설마, 혹시, 과연

⭐ 관형사와 부사의 구별

-관형사는 주로 체언을, 부사는 주로 용언을 꾸며 줌.

-관형사는 조사와 결합하지 않지만 부사는 조사와 결합하여 쓰이기도 함.

⭐ 감탄사

참고 >> 86쪽

형태	문장에서 쓰일 때 형태가 바뀌지 않음.
기능	문장에서 쓰일 때 다른 말과 관계를 맺지 않고, 독립적으로 쓰임. → 독립언 반점이나 느낌표 등을 사용해서 독립된 요소임을 나타냄.
의미	문장에서 말하는 사람의 감정이나 느낌, 부름이나 대답 등을 나타냄.

※ 감탄사처럼 생겼지만 감탄사가 아닌 것

(예) 윤지야! 어디 가? → 명사 + 조사의 구성으로 감탄사가 아님.

우정, 얼마나 소중한 것인가! → 제시어나 표제어는 감탄사가 아님.

1 다음 중 형태소의 수가 가장 많은 단어를 고르세요.

① 밤하늘   ② 귀엽다   ③ 맛있다   ④ 먹구름   ⑤ 복숭아

2 다음 중 단일어를 모두 찾아 기호를 써 보세요.

> ㉠ 아버지   ㉡ 붕어빵   ㉢ 비구름
>
> ㉣ 배추   ㉤ 부채질   ㉥ 겁쟁이

(   )

3 다음 중 합성어끼리 묶인 것을 고르세요.

① 나무 – 사과   ② 구름 – 하늘   ③ 손발 – 책가방

④ 날고기 - 바구니   ⑤ 맨땅 – 안개꽃

4 다음 내용이 설명하는 것이 무엇인지 고르세요.

> 공통된 성질을 지닌 것끼리 모아 놓은 단어들의 갈래

① 명사   ② 수사   ③ 조사   ④ 동사   ⑤ 품사

5 다음 문장 ㉠~㉢에서 체언을 모두 찾아 써 보세요.

㉠ 옆집에서는 강아지를 키운다.   (   )

㉡ 수빈아, 여기로 와 봐!   (   )

㉢ 첫째도 안전, 둘째도 안전, 안전이 우선입니다.   (   )

6 다음 문장의 ㉠~㉤에 대한 설명으로 알맞지 않은 것을 고르세요.

> 민주: ㉠여기에 있던 ㉡연필 ㉢하나 못 봤어?
>
> 준수: ㉣민주 ㉤너의 연필이었구나. 아까 주워서 저기 올려 두었어.

① ㉠은 문장에서 형태가 바뀌지 않는 품사이다.

② ㉡은 구체적인 사물의 이름을 나타낸다.

③ ㉢은 수사 중에서 사물의 양을 나타낸다.

④ ㉣은 다른 단어의 꾸밈을 받아야만 한다.

⑤ ㉤은 대상의 이름을 대신 나타낼 때 사용한다.

7 빈칸에 들어갈 품사로 알맞은 것을 고르세요.

> 나(　) 동생(　) 둘 다 초등학교(　) 다니고 있다.

① 명사　　　② 대명사　　　③ 수사　　　④ 조사　　　⑤ 동사

8 <보기>의 밑줄 친 단어처럼 활용할 수 없는 단어를 고르세요.

보기	· 밥을 <u>먹는다</u>.　　　· 밥을 <u>먹자</u>.　　　· 밥을 <u>먹어라</u>.

① 읽다　　　② 걷다　　　③ 놀다　　　④ 그리다　　　⑤ 슬기롭다

9 밑줄 친 단어의 품사가 무엇인지 써 보세요.

> 오랜만에 ㉠<u>옛</u> 친구들을 만나니 기분이 ㉡<u>무척</u> 좋았다.

㉠ (　　　　　　)　　㉡ (　　　　　　)

10 감탄사에 대한 설명으로 알맞은 것을 고르세요.

① 체언 뒤에 붙어서 사용된다.　　② 조사와 결합하여 쓰일 수 있다.

③ 문장에서 쓰일 때 형태가 바뀐다.　　④ 사람이나 사물의 상태나 성질을 나타낸다.

⑤ 문장에서 독립적인 성격을 지닌다.

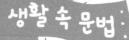

한글을 사랑한 크고 맑은 샘*, 주시경 선생님

여러분에게 퀴즈를 하나 낼게요. 우리나라의 자랑스러운 문자에 '한글'이라는 이름을 붙인 사람은 누구일까요? 네? 너무 쉽다고요? 아마 "당연히 세종대왕이죠!"라고 대답한 친구들이 많이 있을 것 같은데요. 정답은 바로 국어학자 주시경 선생님이에요.

아직 우리만의 문자가 없던 조선 시대, 세종대왕께서는 우리 고유의 문자를 만드시고 '백성을 가르치는 바른 소리'라는 뜻에서 '훈민정음'이라고 이름을 붙이셨어요. 하지만 훈민정음이 처음부터 모든 백성들에게 쓰였던 것은 아니에요. 양반들은 훈민정음을 천한 글이라며 오랜 시간 동안 무시를 했어요.

그러한 생각은 주시경 선생님이 살던 시대까지 이어졌어요. 당시에는 외세의 침략으로 우리나라의 힘이 매우 약했어요. 이를 안타깝게 여긴 주시경 선생님은 나라를 일으켜 세우기 위해서는 우리의 말과 글을 연구하는 일이 필요하다고 생각해, '크고 바른 글'이라는 뜻에서 우리 문자에 '한글'이라는 새 이름을 붙이고 한글 사랑에 앞장서셨어요.

주시경 선생님은 한글을 보다 편리하게 쓸 수 있도록 그동안 세로로 쓰던 것을 가로로 쓸 수 있도록 하였고, 국어 연구와 사전 편찬에 힘을 쏟으셨어요. 더불어 한글 연구를 거듭하여 많은 이들에게 한글의 우수성을 알리고, 한글이 더욱 널리 쓰일 수 있는 기틀을 마련하셨어요.

* 주시경 선생님의 호는 '한힌샘'으로, '크고 맑은 샘'이라는 뜻이에요.

또한 주시경 선생님은 한글 교육이 필요한 곳이라면 어디든지 달려가셨어요. 학교에서 학생들에게 한글을 가르치기도 하고 학교가 쉬는 날이면 강습소에서 학생과 일반인에게 글을 가르치셨죠. 항상 책 보퉁이(물건을 보자기에 싸 놓은 것)를 옆구리에 끼고 다녀 '주 보퉁이'라는 별명을 얻을 정도였지요.

평생을 한글 연구에 힘쓰셨던 주시경 선생님은 갑작스러운 병으로 돌아가시게 되었어요. 하지만 그 마음은 많은 제자들에게 이어져 '조선어 연구회'라는 것이 만들어지고 오늘날의 한글 연구에까지 많은 영향을 주었어요.

만약 주시경 선생님 같은 분이 안 계셨더라면 오늘날 우리는 한글을 쓰지 못했을지도 몰라요. 그런데 요즘은 한글에 대한 사랑이 점점 줄어드는 것 같아요. 영어로 된 간판과 뜻을 알 수 없는 단어들이 마구 쏟아지고 있죠.

주시경 선생님의 생각처럼 말과 글은 나라를 지키는 힘이 될 수 있는 만큼 우리도 그 마음을 본받아 한글 지킴이가 되어 봐요. 여러분도 한글을 더욱 사랑하고 아끼며 앞으로 한글이 더욱 발전할 수 있도록 힘을 보태 주세요.

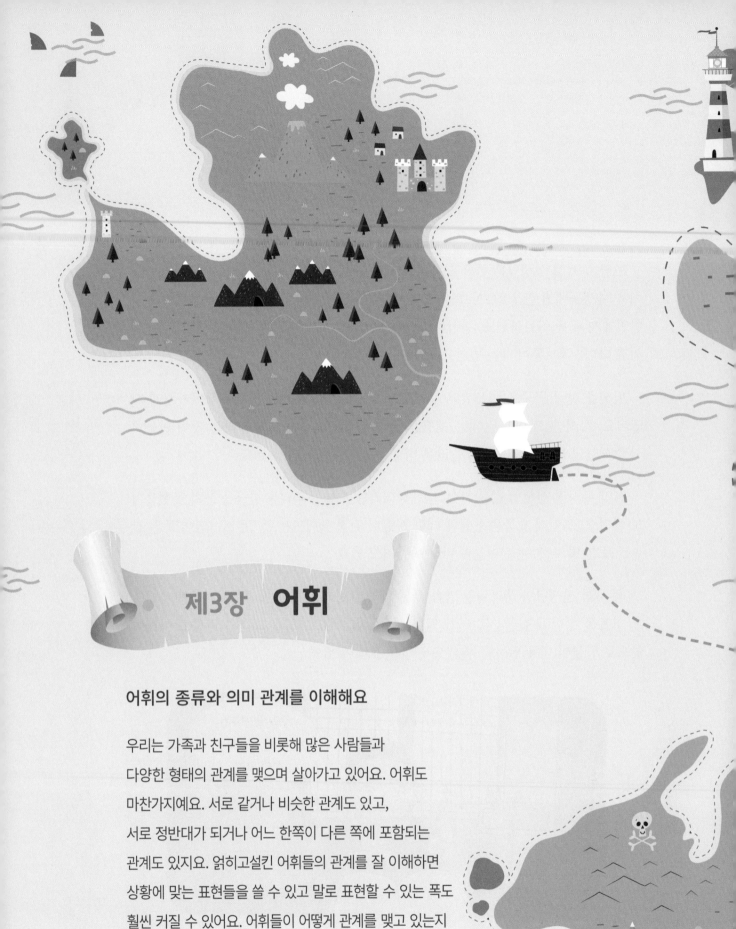

제3장 어휘

어휘의 종류와 의미 관계를 이해해요

우리는 가족과 친구들을 비롯해 많은 사람들과
다양한 형태의 관계를 맺으며 살아가고 있어요. 어휘도
마찬가지예요. 서로 같거나 비슷한 관계도 있고,
서로 정반대가 되거나 어느 한쪽이 다른 쪽에 포함되는
관계도 있지요. 얽히고설킨 어휘들의 관계를 잘 이해하면
상황에 맞는 표현들을 쓸 수 있고 말로 표현할 수 있는 폭도
훨씬 커질 수 있어요. 어휘들이 어떻게 관계를 맺고 있는지
지금부터 함께 알아봐요.

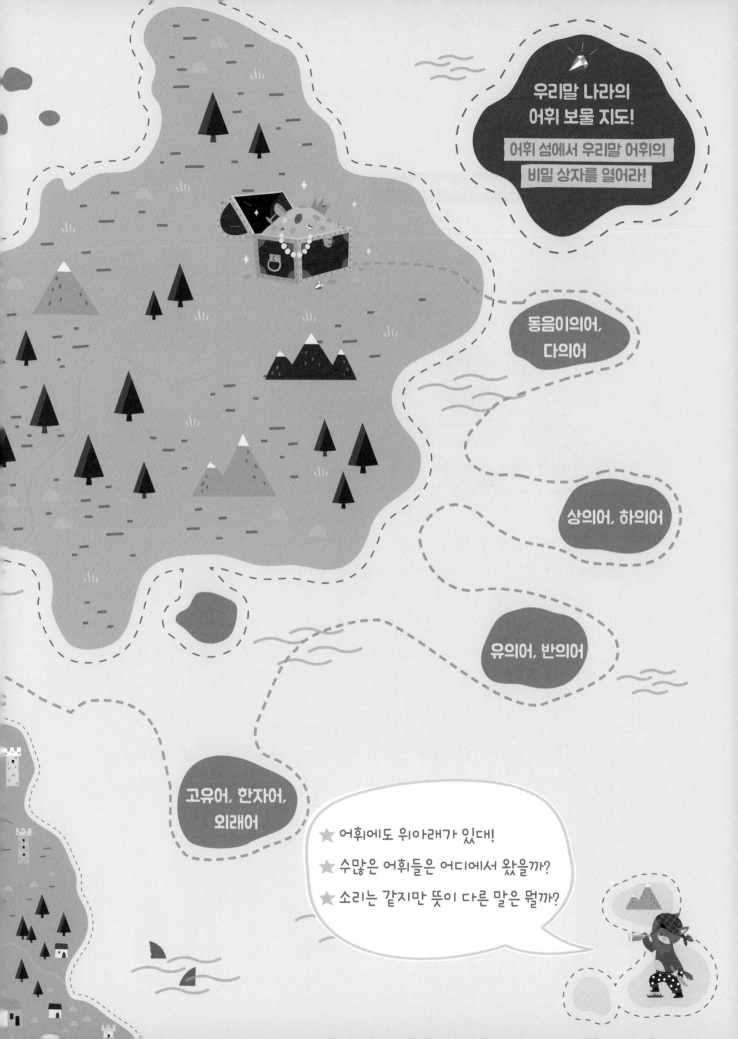

우리말 나라의
어휘 보물 지도!

어휘 섬에서 우리말 어휘의
비밀 상자를 열어라!

동음이의어,
다의어

상의어, 하의어

유의어, 반의어

고유어, 한자어,
외래어

★ 어휘에도 위아래가 있대!

★ 수많은 어휘들은 어디에서 왔을까?

★ 소리는 같지만 뜻이 다른 말은 뭘까?

1. 고유어, 한자어, 외래어

와! 누구의 생일이길래 이렇게 많은 음식이 차려져 있는 걸까요? 침이 꼴깍 넘어가네요. 그런데 어떤 음식을 먹을까 고민하다 보니 음식들의 고향이 궁금해져요.

먼저 우리나라 전통 음식인 시루떡이 있네요. 그리고 케이크와 피자는 서양에서 온 음식이죠. 김이 모락모락 나는 만두는 중국이 고향이에요. 이렇게 음식들에도 각각 고향이 있다니 참 재미있네요. 그런데 음식에도 고향이 있듯이 우리가 사용하는 말들도 각각 출신이 달라요. 어떻게 다른지 하나씩 살펴볼까요?

먼저 전통 음식인 시루떡처럼, 옛날부터 사용해 온 순수한 우리말이나 그것을 바탕으로 만들어진 말을 **고유어**라고 해요. 고유어는 다른 말로 '순우리말'이라고 불러요. 고유어는 예로부터 사용해 온 말이기 때문에 우리의 문화와 정서가 깃들어 있어요. 그래서 우리의 감정을 나타내는 데 알맞죠. 아래 고유어들을 보세요. 너무 예쁜 말들이죠?

　예　아버지, 어머니, 하늘, 예쁘다, 소쿠리, 아장아장

그리고 만두(饅頭)와 같이 한자를 바탕으로 만들어진 말은 **한자어**라고 해요. 한자어는 우리의 언어 생활 깊숙이 들어와 있어요. 또한 한자어는 중국, 일본을 비롯해 우리나라에서도 만들어졌죠. 한글 창제 전까지 오랜 기간 한자를 썼기 때문에 한자어는 우리말 단어의 반 이상을 차지하고 있어요.

예 냉면(冷麵), 빙수(氷水), 감기(感氣), 치료(治療)하다

우리나라에서 만든 한자어는 중국이나 일본에서는 쓰이지 않아요.

한자어는 글자 하나하나에 뜻과 음이 있어서 고유어보다 더 분명하고 세세한 의미를 나타낼 수 있어요. 표현이 간단하고 많은 정보를 담을 수 있어서 특정한 개념이나 추상적인 것들을 나타내기 알맞죠. 그래서 전문 분야의 용어로 많이 쓰여요. 또한 한글이 지금처럼 널리 쓰이기 전에는 한글보다 한자를 더 높은 것으로 생각했기 때문에 한자어는 높임말로 사용되는 경우가 많아요.

예 · 학교(學 배울 학, 校 학교 교)　　· 나이: 연세(年 해 연, 歲 해 세)

➤ 국어사전을 찾아보면 한자어에는 한자가 함께 쓰여 있어요.

마지막으로 케이크나 피자처럼 다른 나라의 말을 빌려 와 우리말처럼 쓰는 말은 **외래어**라고 해요. 외래어는 외국의 문화나 문물이 들어오면서 함께 들어오는 경우가 많아요. 새로운 문화와 함께 들어온 단어들이다 보니 자연스레 우리말의 일부분이 된 것이죠. 컴퓨터나 커피, 와플 같은 것 말이에요.

➤ 외래어는 국어사전에 그 나라의 말이 알파벳 등으로 함께 쓰여 있어요.

외래어는 외국어와 달라요. 외래어는 외국어 중에서도 사람들 입에 오르내리며 우리말처럼 쓰이게 된 것으로 국어사전에도 실려 있어요. 반면, 외국어는 외국에서 들어온 말이라는 것은 같지만 국어로 정착하지 않은 말이죠. 그래서 고유어나 한자어로 바꿀 수도 있어요.

그런데 한자어도 외국에서 온 것인데 왜 외래어라고 하지 않는 걸까요? 한자어는 이미 너무 오랜 시간 우리말로 쓰였고, 우리말에서 차지하는 비중이 크기 때문에 일반적인 외래어와 구별하는 것이에요.

예 · 택시(taxi), 버스(bus) ············▶ 외래어
    · 무비(movie), 밀크(milk)············▶ 외국어

우리 생활에서 자주 쓰이는 외래어들은 어느 나라 말에서 왔을까요?

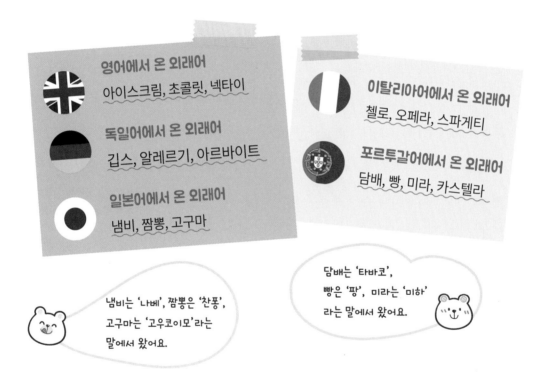

영어에서 온 외래어
아이스크림, 초콜릿, 넥타이

독일어에서 온 외래어
깁스, 알레르기, 아르바이트

일본어에서 온 외래어
냄비, 짬뽕, 고구마

이탈리아어에서 온 외래어
첼로, 오페라, 스파게티

포르투갈어에서 온 외래어
담배, 빵, 미라, 카스텔라

냄비는 '나베', 짬뽕은 '찬폰', 고구마는 '고우코이모'라는 말에서 왔어요.

담배는 '타바코', 빵은 '팡', 미라는 '미하'라는 말에서 왔어요.

많은 외래어들이 우리말 깊숙이 스며들어 있네요. 오늘날에도 새로운 문화와 문물이 끊임없이 생겨나고 있어요. 만약 새로 생겨난 말들을 쉽게 받아들여 외래어로 인정한다면 우리말이 설 자리가 점차 없어질 거예요. 그래서 외국어에 함부로 외래어의 자격을 주지 않고 고유어로 바꿔 쓰려는 노력을 기울이고 있죠. 친구들도 한자나 외래어에 밀려서 소중한 고유어가 사라지지 않도록 고유어를 더욱 아끼고 사랑해 주세요.

1 다음 내용 중 옳은 것에는 ○표, 옳지 않은 것에는 ×표 하세요.

⑴ 고유어는 높임말로 사용되는 경우가 많다.   (   )
⑵ 외래어는 외국의 말이므로 우리말처럼 쓰이지 못한다.   (   )
⑶ 한자어는 특정한 개념이나 추상적인 것들을 나타내는 경우가 많다. (   )

2 다음 단어의 종류로 알맞은 것을 찾아 선으로 이으세요.

⑴ 성함, 남매   ·   · ㉠ 고유어

⑵ 라디오, 버스   ·   · ㉡ 한자어

⑶ 인절미, 천둥   ·   · ㉢ 외래어

3 밑줄 친 한자어와 바꾸어 쓸 수 있는 말을 찾아 ○표 하세요.

⑴ 문제지의 <u>해설</u>을 보니 이해가 된다.   [이야기 / 풀이]
⑵ 잘못 쓴 글자를 모두 <u>수정했다</u>.   [고쳤다 / 만들었다]

4 다음 중 외래어만 모아 놓은 것에 ○표 하세요.

㉠ 챔피언, 구름, 고구마   (   )

㉡ 바이올린, 밀크, 와플   (   )

㉢ 모델, 카스텔라, 재즈   (   )

5 다음 문장에서 밑줄 친 단어와 바꾸어 쓸 수 있는 말을 빈칸에 써 보세요.

어제 친구와 함께 쇼핑을 했다. 나는 예쁜 ㉠<u>헤어밴드</u>와 ㉡<u>재킷</u>을 사고, 친구는
㉢<u>스커트</u>를 샀다. 집에 와서 입어 보니 잘 어울려서 기분이 정말 좋았다.

㉠ (   ) ㉡ (   ) ㉢ (   )

2. 유의어, 반의어

비슷한 말과 반대되는 말로 대답하는 연못이라니 참 재미있는 연못이죠? 친구는 영리하게도 두 연못에서 듣고 싶은 대답을 다 얻어냈네요. 이런 연못이 있다면 매일매일이 심심하지 않겠어요. 이야기에서 나온 단어를 통해 우리말의 유의어와 반의어에 대해서 공부해 봐요.

1. 유의어

우선 '비슷한 말로 대답하는 연못'에서는 '예쁘다'와 '귀엽다'의 뜻이 서로 비슷하다는 것을 알 수 있어요. 이렇게 소리는 다르지만 의미가 거의 같거나 비슷한 단어를 유의어라고 하고, 이러한 관계에 있는 단어들을 유의 관계에 있다고 말해요. 뜻이 비슷하기 때문에 문장에서 바꾸어 써도 의미가 달라지지 않아요.

≒ 표시는 '비슷하다'는 뜻이에요.

예 · 어린이 ≒ 아이   · 책방 ≒ 서점   · 깨끗하다 ≒ 청결하다

하지만 유의 관계에 있더라도 뜻이 완전히 같은 것은 아니에요. 유의어는 기본 의미는 같지만 기본 의미에서 떠오르는 느낌은 조금씩 차이가 있는 경우가 많아요. 그래서 대상이나 문장에

따라 알맞게 사용해야 해요. 예를 들어 '머리'와 '대가리'는 둘 다 사람이나 동물의 목 위 부분을 뜻하지만 '대가리'는 보통 동물의 머리를 가리키기 때문에 사람의 머리를 말하고자 할 때는 단어 사용에 주의를 기울여야 하죠.

2. 반의어

한편 '반대되는 말로 대답하는 연못'에 나온 '못나다'와 '잘나다'처럼 서로 뜻이 반대되는 말도 있어요. '위'와 '아래', '올라가다'와 '내려가다'와 같이 단어들의 의미가 서로 반대되거나 대립하는 단어를 **반의어**라고 하고, 이러한 관계에 있는 단어들을 **반의 관계**에 있다고 말해요.

> **예** ㉠ 남자 – 여자   ㉡ 차갑다 – 뜨겁다

㉠에서는 반의 관계에 있는 단어들이 서로 공통되는 뜻을 지니지만 한 가지 대립되는 의미가 있다는 것을 알 수 있어요. '남자'와 '여자'는 모두 '사람'이지만 '성별'이 다르죠. '할머니'와 '할아버지', '있다'와 '없다' 등도 이러한 반의어의 예로 들 수 있어요.
반의어는 단어 사이에 중간 지점을 가지고 있는 경우도 있어요. ㉡의 '차갑다'와 '뜨겁다' 사이에서는 '차갑지도 않고 뜨겁지도 않다'라는 중간 지점을 찾을 수 있죠. '뚱뚱하다'와 '마르다', '길다'와 '짧다' 등도 마찬가지예요.

또한 반의어는 하나의 단어에 여러 개의 단어가 대립되는 경우도 있어요. 아래 ㉢의 '벗다'의 경우, 상황에 따라 반의어가 달라지죠.

> **예** ㉢ 옷을 벗다 – 옷을 입다   신발을 벗다 – 신발을 신다

유의어와 반의어의 관계를 보니 참 재미있지 않나요? 유의어와 반의어를 잘 알아 두면 글을 쓸 때나 말을 할 때에 표현을 더 정확하고 효과적으로 할 수 있죠. 우리말의 달인이 되기 위한 탐험을 함께 하면서 우리말 어휘에 숨은 비밀을 하나씩 파헤쳐 봐요!

확인문제

1 다음 내용 중 옳은 것에는 ○표, 옳지 않은 것에는 ×표 하세요.

(1) 뜻이 서로 반대되는 낱말을 유의어라고 한다.   (   )

(2) 유의어는 무엇이든 문장 속에서 자유롭게 바꾸어 쓸 수 있다.   (   )

(3) 반의어는 하나의 단어에 여러 개의 단어가 대립할 수 있다.   (   )

2 밑줄 친 단어의 유의어로 알맞은 것을 고르세요.

(1) 아버지, 저녁 <u>식사</u>는 하셨어요?   ㉠ 끼니   ㉡ 요리   ㉢ 식당

(2) 저는 이 <u>마을</u>에서 어린 시절을 보냈어요.   ㉠ 지역   ㉡ 동네   ㉢ 시골

(3) 작년보다 <u>키</u>가 5센티미터나 자랐다.   ㉠ 신장   ㉡ 체중   ㉢ 둘레

3 <보기>와 같이 유의어끼리 묶인 것은 '유', 반의어끼리 묶인 것은 '반'이라고 써 보세요.

보기	채소 – 야채 ➡ (유) 웃음 – 울음 ➡ (반)

(1) 책방 – 서점 ➡ (   )   (2) 내리다 – 오르다 ➡ (   )

(3) 펴다 – 구기다 ➡ (   )   (4) 메아리 – 산울림 ➡ (   )

(5) 나이 – 연세 ➡ (   )   (6) 오른쪽 – 왼쪽 ➡ (   )

4 밑줄 친 단어의 반의어로 알맞은 것을 찾아 선으로 이으세요.

(1) 양말을 <u>벗다</u> ·

· ㉠ 신다

(2) 겉옷을 <u>벗다</u> ·

· ㉡ 쓰다

(3) 모자를 <u>벗다</u> ·

· ㉢ 입다

5 다음 중 유의 관계가 아닌 것을 모두 찾아 기호를 써 보세요.

┌───┐
│ ㉠ 살갗 – 피부   ㉡ 신사 – 숙녀   ㉢ 허가 – 금지 │
│ ㉣ 눈치 – 낌새   ㉤ 입장 – 퇴장   ㉥ 수영 – 헤엄 │
└───┘

(   )

6 밑줄 친 단어의 반의어로 알맞은 것을 고르세요.

(1) 오랫동안 출장 가시는 아빠를 <u>배웅</u>해 드렸다.   ㉠ 만남 ㉡ 송별 ㉢ 마중

(2) 방문이 고장 났는지 <u>열리지</u> 않아요.   ㉠ 닫히지 ㉡ 풀리지 ㉢ 막히지

(3) <u>출발</u> 신호에 맞춰 선수들이 앞으로 달려나갔다.   ㉠ 시작 ㉡ 출동 ㉢ 도착

7 다음 두 단어의 관계에 대한 설명으로 옳은 것에는 ○표, 옳지 않은 것에는 ×표 하세요.

┌───┐
│ 아버지 – 어머니   │
└───┘

(1) 서로 반대되는 의미 관계를 맺고 있다.   (   )

(2) 문장에서 서로 바꾸어 써도 의미가 달라지지 않는다.   (   )

(3) 두 단어 사이에는 공통점이 있으면서 동시에 대립되는 의미 요소가 있다.   (   )

3. 상의어, 하의어

여러분은 어떤 동물을 가장 좋아하나요? 좋아하는 동물을 자유롭게 써 보라는 주제에 대해 친구들이 여러 가지 다양한 대답을 해 주었네요. '토끼, 고양이, 말, 원숭이' 등등……. 이렇게 하나의 주제에 대해 다양한 답이 나올 수 있는 것은 한 단어가 다른 단어의 의미를 포함하고 있어서예요. 무슨 뜻인지 자세히 살펴볼까요?

위의 표를 보면 '동물'은 아래의 '토끼, 고양이, 말, 원숭이'와 같은 단어들을 모두 포함해요. 이렇게 어떤 단어의 의미가 다른 단어의 의미를 포함하는 관계를 **상하 관계**라고 하고, 이때

다른 단어를 포함하는 단어를 **상의어**, 다른 단어에 포함되는 단어를 **하의어**라고 해요.

상의어와 하의어에 대해 잘 알면 말을 하거나 글을 쓸 때에 많은 도움이 돼요. 상의어는 다른 말보다 일반적이고 공통적인 뜻을 지니고, 하의어는 개별적이고 구체적인 뜻을 지녀요. 따라서 표현을 더 구체적으로 하고 싶을 때는 하의어를 쓰면 돼요.

> **예** ㉠ 나는 <u>동물</u>을 좋아한다.
>
> ㉡ 나는 <u>고양이</u>를 좋아한다.

㉠과 ㉡을 비교해 보면 문장에서 상의어인 '동물'을 썼을 때보다 하의어인 '고양이'를 썼을 때 뜻이 더욱 구체적이고 자세해지는 것을 알 수 있어요.

또한 단어의 상하 관계는, 어떤 단어를 무엇과 견주느냐에 따라서 그 단어가 상의어가 되기도 하고 하의어가 되기도 해요. 서로 맞서거나 비교되는 상대적인 관계에 있는 것이죠. 아래와 같이 '토끼, 고양이, 말, 원숭이' 등의 상의어인 '동물'은 '생물'이라는 단어와 견주었을 때는 하의어가 됨을 알 수 있어요.

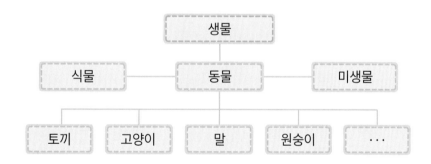

단어에도 위아래가 있다니 참 재미있죠? 예로 든 단어 외에도 우리 주변에 있는 단어들의 상의어와 하의어를 찾아 보세요. 분명 단어들이 더 재미있고 친근하게 느껴질 거예요.

1 다음 내용 중 옳은 것에는 ○표, 옳지 않은 것에는 ×표 하세요.

(1) 어떤 단어의 의미가 다른 단어의 의미를 포함할 때 그 단어를 '상의어'라고 한다. (　　　)

(2) 어떤 단어의 상의어인 단어는 어느 단어와 견주어도 그 위치가 변하지 않는다. (　　　)

(3) 하의어는 상의어에 비해 개별적이고 구체적인 의미를 나타내기에 알맞다. (　　　)

2 단어의 상하 관계를 생각하며 빈칸에 알맞은 단어를 자유롭게 써 보세요.

(1)

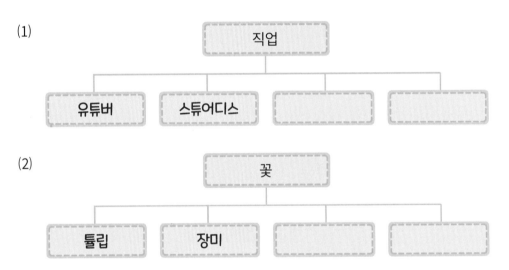

직업

유튜버　　스튜어디스

(2)

꽃

튤립　　장미

3 다음 단어의 의미 관계로 알맞은 것을 찾아 ○표 하세요.

학용품 – 지우개

㉠ 유의 관계　　　㉡ 반의 관계　　　㉢ 상하 관계

4 다음 중 나머지 단어의 상의어로 알맞은 것을 찾아 ○표 하세요.

(1) 주스   콜라   음료수   우유   코코아

(2) 칫솔   세면도구   치약   비누   샴푸

5 다음 중 각 단어의 하의어로 알맞은 것을 찾아 선으로 이으세요.

(1) 가구   ·   · ㉠ 소나무

(2) 분식   ·   · ㉡ 떡볶이

(3) 나무   ·   · ㉢ 침대

6 다음 단어의 하의어로 알맞지 않은 것을 고르세요.

(1) 포유류 ➡ ㉠ 젖소   ㉡ 코뿔소   ㉢ 두꺼비   ㉣ 돼지

(2) 외국어 ➡ ㉠ 일본어   ㉡ 모국어   ㉢ 영어   ㉣ 중국어

7 다음 단어들의 상의어를 <보기>에서 찾아 빈칸에 써 보세요.

> 신발   실내화   야생동물   반려동물

(1) 운동화, 슬리퍼, 샌들, 고무신 ➡ (   )

(2) 앵무새, 금붕어, 고양이, 강아지 ➡ (   )

4. 동음이의어, 다의어

저런, 소리는 같지만 뜻이 다른 단어 때문에 오해가 생긴 모양이에요. 친구는 교통수단인 '배'에 대해 이야기한 것인데, 아저씨는 사람의 신체 부위 중 하나인 '배'에 대한 이야기인 줄 알고 얼굴이 빨개져 버렸어요.

우리말에는 소리는 같지만 의미는 다른 단어들이 있는데 이를 **동음이의어**라고 해요. '동음'은 소리가 같다는 말이고, '이의'는 뜻이 다르다는 말이지요. 동음이의어는 소리만 같을 뿐 의미는 전혀 달라요. 이러한 관계에 있는 단어들을 '**동음이의 관계**'에 있다고 해요.

예시를 통해 동음이의어들의 관계를 알아봐요.

㉠ **눈을 감다**   ㉡ **머리를 감다**   ㉢ **실을 감다**

㉠의 '감다'는 눈꺼풀로 눈을 덮는 행동이지만 ㉡의 '감다'는 머리나 몸을 물로 씻는 것이죠. ㉢의 '감다'는 어떤 물체를 다른 물체에 마는 것이고요. 이 세 가지 '감다'는 의미상으로는 아무 관련이 없지만 소리로는 구별하기가 어려워요. 하지만 문장 속에서 동음이의어가 쓰였을 때는 앞뒤 문맥을 통해 어떤 뜻의 단어인지 알 수 있죠.

다음으로 살펴볼 단어는 '다의어'예요. 하나의 단어가 두 가지 이상의 관련된 의미로 쓰이는 단어를 **다의어**라고 하고, 이러한 관계에 있는 단어들을 '**다의 관계**'에 있다고 해요.

> '다의'는 '뜻이 많다'는 의미예요.

> **중심 의미** ← 머리 ① 사람이나 동물의 목 위의 부분. (예) 머리를 긁다 ② 생각하고 판단하는 능력. (예) 머리가 나쁘다 ③ 머리털(= 머리에 난 털) (예) 머리가 길다 → **주변 의미**

국어사전을 찾아보면 다의어에는 여러 가지 뜻이 달려 있죠. 다의어의 여러 가지 의미 중에서 가장 기본적이고 핵심적인 의미를 중심 의미라고 하고, 중심 의미에서 확장된 의미를 주변 의미라고 해요. 중심 의미에서 주변 의미로 가지가 뻗어 나간 것이죠. 다의어도 동음이의어와 마찬가지로 상황과 문맥을 통해 단어의 뜻을 파악할 수 있어요.

동음이의어와 다의어는 각각의 의미들 사이에 비슷한 부분(유사성)이 있는지를 생각하면 어렵지 않게 구별할 수 있어요.

> **예** ㉠ 사람의 '다리' ······→ 물체의 아래쪽에서 윗부분을 받치고 있다는 점에서 유사성이 있음.
> ㉡ 의자의 '다리' ·····┘
> ㉢ 강 위의 '다리' ········→ 사람이나 책상의 '다리'와는 아무런 유사성이 없음.

위에서 서로 유사성이 있는 ㉠과 ㉡은 다의 관계에 있고, ㉠과 ㉢, ㉡과 ㉢은 동음이의 관계에 있다고 할 수 있어요. 또한 다의어는 '하나의 단어에 여러 가지 의미'가 있기 때문에 국어사전에 한 단어로 실리지만, 동음이의어는 각각의 단어로 실린다는 점이 차이점이에요. 우리말 단어들의 여러 가지 관계들, 알면 알수록 빠져들지 않나요?

1 다음을 읽고 빈칸에 알맞은 말을 써 보세요.

> 소리는 같지만 의미는 전혀 다른 단어를 (㉠)라고 하고, 하나의 단어가 두 가지 이상의 의미로 쓰이는 단어를 (㉡)라고 부른다.

㉠ (   ) ㉡ (   )

2 다음 문장에서 밑줄 친 단어가 어떤 관계인지 알맞은 것을 찾아 ○표 하세요.

(1) ㉮ 아기의 <u>얼굴</u>이 뽀얗다.   ㉠ 동음이의 관계 (   )

     ㉯ 지윤이는 우리 학교의 <u>얼굴</u>이다.   ㉡ 다의 관계 (   )

(2) ㉮ 캄캄한 <u>밤</u>이 찾아왔다.   ㉠ 동음이의 관계 (   )

     ㉯ 가족들과 뒷산에 <u>밤</u>을 주우러 갔다.   ㉡ 다의 관계 (   )

(3) ㉮ 제주도에서 말을 <u>타고</u> 놀았다.   ㉠ 동음이의 관계 (   )

     ㉯ 햇볕에 얼굴이 까맣게 <u>탔다</u>.   ㉡ 다의 관계 (   )

3 다음 문장에서 밑줄 친 단어가 동음이의어이면 '동', 다의어이면 '다'라고 써 보세요.

(1) 먹은 <u>배</u>가 상했는지 무척이나 <u>배</u>가 아프다.   (   )

(2) 책상 <u>다리</u>에 <u>다리</u>를 부딪쳐 다쳤다.   (   )

(3) 저녁에 펑펑 내리던 <u>눈</u>이 아직도 <u>눈</u>에 선하다.   (   )

4 빈칸에 공통으로 들어갈 동음이의어나 다의어로 알맞은 것을 써 보세요.

(1) · 비 때문에 (　　　　　　)이 미끄럽다.

　　· 손 선수는 어릴 때부터 축구 선수의 (　　　　　　)을 걸었다.

(2) · 벌어진 창문 (　　　　　　)으로 찬바람이 들어온다.

　　· 오늘은 너무 바빠서 잠시도 쉴 (　　　　　　)도 없었다.

(3) · 엄마의 (　　　　　　)은 언제나 따뜻하다.

　　· 음식을 준비할 (　　　　　　)이 모자라서 나도 열심히 도왔다.

5 밑줄 친 말 중에서 중심 의미로 쓰인 것을 찾아 ○표 하세요.

(1) ㉠ 큰 개를 보고 겁을 먹은 강아지가 내 뒤로 숨었다.　　　　　　　(　　　　)

　　㉡ 반찬을 골고루 먹어야 더욱 건강해질 수 있어요.　　　　　　　(　　　　)

(2) ㉠ 아침에 일어나 할머니 할아버지께 문안 인사를 드린다.　　　　(　　　　)

　　㉡ 오늘은 늦잠을 자는 바람에 아침을 못 먹고 나왔다.　　　　　(　　　　)

(3) ㉠ 이웃 나라에서는 자연재해로 인해 큰 피해를 입었다.　　　　　(　　　　)

　　㉡ 내년에 중학교에 입학하면 교복을 입게 된다.　　　　　　　　(　　　　)

⭐ 고유어, 한자어, 외래어 참고 》 104~105 쪽

	뜻	특징
고유어	옛날부터 사용해 온 순수한 우리말이나 그것을 바탕으로 만들어진 말 (예) 아버지, 하늘, 예쁘다, 아장아장	- 우리의 문화와 정서가 깃들어 있음. - 우리의 감정을 나타내는 데 알맞음.
한자어	한자를 바탕으로 만들어진 말 (예) 냉면(冷麵), 빙수(氷水), 감기(感氣), 치료(治療)하다	- 우리말 단어의 반 이상을 차지함. - 고유어보다 더 분명하고 세세한 의미를 나타낼 수 있음. - 간단한 표현에 많은 정보를 담을 수 있고, 특정한 개념이나 추상적인 것들을 나타내기 알맞아 전문 분야의 용어로 많이 쓰임. - 높임말로 사용되는 경우가 많음.
외래어	다른 나라의 말을 빌려와서 우리말처럼 쓰는 말 (예) 택시(taxi), 버스(bus), 아르바이트(arbeit)	- 외국의 문화나 문물이 들어오면서 함께 들어오는 경우가 많음.

⭐ 외래어, 외국어, 한자어의 구분 참고 》 105~106 쪽

외래어 vs 외국어	외래어 vs 한자어
외래어는 외국어 중에서도 사람들 입에 오르내리며 우리말처럼 쓰이게 된 것으로 국어사전에도 실려 있음. 외국어는 외국에서 들어온 말이라는 것은 같지만 국어로 정착하지 않은 말임.	한자어도 외국에서 들어온 말이지만, 이미 너무 오랜 시간 우리말로 쓰였고, 우리말에서 차지하는 비중이 크기 때문에 일반적인 외래어와 구별함.

⭐ 유의어, 반의어

참고 ▶▶ 108~109 쪽

	유의어	반의어
뜻	소리는 다르지만 의미가 거의 같거나 비슷한 단어	단어들의 의미가 서로 반대되거나 대립하는 단어
특징	-문장에서 바꾸어 써도 의미가 달라지지 않음. (예) 어린이가 달린다. ≒ 아이가 달린다. -기본 의미는 같지만 떠오르는 느낌에 차이가 있기 때문에 대상이나 문장에 따라 알맞게 사용해야 함. (예) 머리: 사람이나 동물의 목 위 부분 　　　대가리: 보통 동물의 머리를 가리키는 말	-서로 공통되는 뜻을 가지고 있지만 동시에 한 가지 대립되는 의미가 있음. (예) 남자 – 여자 → 모두 '사람'이지만 '성별'이 다름. -두 단어 사이에 중간 지점을 가지는 경우도 있음. (예) 차갑다 – 뜨겁다 → 차갑지도 않고 뜨겁지도 않은 중간 지점이 있음. -한 가지 단어에 여러 개의 단어가 대립되는 경우도 있음. (예) 옷을 벗다 – 옷을 입다 　　　신발을 벗다 – 신발을 신다

⭐ 상의어, 하의어

참고 》 112 쪽

- 상하 관계: 어떤 단어의 의미가 다른 단어의 의미를 포함하는 관계

⭐ 상의어, 하의어의 특징

참고 》 112~113 쪽

	상의어	하의어
뜻	다른 단어의 의미를 포함하는 단어	다른 단어의 의미에 포함되는 단어
특징	다른 말보다 일반적이고 공통적인 뜻을 지님.	개별적이고 구체적인 뜻을 지님.
관계	상의어와 하의어의 관계는 상대적이어서, 어떤 단어를 무엇과 견주느냐에 따라서 그 단어가 상의어가 되기도 하고 하의어가 되기도 함. (예) '동물'은 '토끼'의 상의어이면서 '생물'의 하의어이기도 함.	

⭐ 동음이의어, 다의어

참고 》 116~117 쪽

동음이의어	다의어
소리는 같지만 의미는 전혀 다른 단어를 동음이의어라고 하고, 이러한 관계에 있는 단어들을 동음이의 관계에 있다고 함.	하나의 단어가 두 가지 이상의 관련된 의미로 쓰이는 단어를 다의어라고 하고, 이러한 관계에 있는 단어들을 다의 관계에 있다고 함.

⭐ 동음이의어

- 아래 세 가지 '감다'는 소리만 같을 뿐 뜻은 전혀 다름.
- 문맥을 통해 어떤 단어인지 알 수 있음.

> **예** 감다¹: 눈꺼풀로 눈을 덮다.
>
> 감다²: 머리나 몸을 물로 씻다.
>
> 감다³: 어떤 물체를 다른 물체에 말거나 빙 두르다.

⭐ 다의어

- 아래 세 가지 '머리'는 각각의 의미들 사이에 유사성이 있음.
- 문맥을 통해 어떤 의미로 쓰였는지 알 수 있음.
- 중심 의미: 가장 기본적이고 핵심적인 의미
- 주변 의미: 중심 의미에서 확장된 의미

> **예** 머리¹: ① 사람이나 동물의 목 위의 부분 ┄┄┄▶ 중심 의미
>
> ② 생각하고 판단하는 능력 ┄┄┄┐
> ┣┄▶ 주변 의미
> ③ 머리털(=머리에 난 털) ┄┄┄┘

1 우리말 어휘에 대한 설명으로 알맞지 않은 것을 고르세요.

① 고유어는 예부터 사용해 온 순수한 우리말이다.

② 고유어는 우리의 정서와 문화를 표현하기 알맞다.

③ 한자어는 중국에서 만들어진 것만을 바탕으로 한다.

④ 한자어는 개념이나 추상적인 의미를 나타내기 적절하다.

⑤ 외래어는 다른 나라의 문화와 함께 들어오는 경우가 많다.

2 다음 두 단어의 관계에 대한 설명으로 알맞은 것을 고르세요.

> 춥다 – 덥다

① 소리도 다르고 뜻도 다르므로 두 단어는 아무 관계가 없다.

② 두 단어 모두 온도를 나타낸다는 점에서 유의어로 볼 수 있다.

③ 의미는 비슷하지만 문장의 맥락에 따라 구분해서 써야 한다.

④ 두 단어는 공통점과 동시에 대립되는 요소도 가지고 있다.

⑤ 두 단어는 문장에서 서로 바꾸어 써도 문제가 없다.

3 다음 ㉠, ㉡에 대한 설명으로 알맞은 것을 고르세요.

> ㉠ 케첩, 택시   ㉡ 어니언, 스토어

① ㉠은 외국어이고, ㉡은 외래어이다.   ② ㉠은 바꾸어 쓸 수 있는 단어가 없다.

③ ㉡만 국어사전에 올라가 있다.   ④ ㉡만 다른 나라에서 들어온 단어이다.

⑤ ㉠과 ㉡ 모두 일상생활에서 우리말처럼 쓰인다.

4 다음 두 단어의 의미 관계로 알맞은 것을 고르세요.

> 감정 – 기쁨

① 유의 관계   ② 다의 관계   ③ 동음이의 관계   ④ 상하 관계   ⑤ 반의 관계

5 밑줄 친 단어의 유의어로 알맞은 것을 고르세요.

> <u>언제나</u> 사랑으로 보듬어 주셔서 감사해요.

① 가끔   ② 항상   ③ 때때로   ④ 종종   ⑤ 어쩌다

6 밑줄 친 단어가 어떤 의미 관계로 쓰였는지 빈칸에 써 보세요.

> ㉠ 화분에 심은 씨앗에서 <u>싹</u>이 움텄다.
> ㉡ 저 연예인은 어릴 때부터 스타로서의 <u>싹</u>을 보였다.

(   )

7 다음 중 상하 관계가 잘못 짝 지어진 것을 고르세요.
① 공룡 – 티라노사우루스   ② 가족 – 누나   ③ 학교 – 중학교
④ 청바지 – 반바지   ⑤ 채소 – 배추

8 밑줄 친 단어의 의미 관계로 알맞은 것을 고르세요.

> ㉠ 탐스럽게 익은 <u>감</u>을 따다.
> ㉡ 이번엔 좋은 일이 생길 것 같은 <u>감</u>이 든다.

① 유의 관계   ② 다의 관계   ③ 동음이의 관계   ④ 상하 관계   ⑤ 반의 관계

9 다음 중 고유어로만 알맞게 짝 지어진 것을 고르세요.
① 달, 노래, 사랑, 하늘   ② 달, 노래, 하늘, 연필
③ 연필, 인형, 노트, 앨범   ④ 하늘, 음악, 앨범, 인형
⑤ 노트, 하늘, 앨범, 빵

10 다음 중 단어의 관계로 보아 상의어에 해당하는 것을 고르세요.
① 무릎   ② 어깨   ③ 신체   ④ 가슴   ⑤ 얼굴

모두가 소중한 우리말이에요
– 표준어와 방언

여러분은 할아버지, 할머니와 이야기를 나눌 때 말씀을 잘 못 알아들어서 답답했던 적이 있나요? 분명 같은 우리말인데도 할아버지, 할머니가 쓰시는 단어나 말투가 어색하게 느껴질 때가 있었을 거예요. 때때로 심부름을 시키시면 뭘 하라는지 몰라 곤란할 때도 있죠. 같은 우리말인데 왜 낯설게 느껴지는 걸까요?

그것은 할아버지, 할머니께서 방언을 사용하여 말씀하셨기 때문이에요. 방언은 모든 곳에서 두루 쓰이는 말이 아닌 어떤 지역이나 지방에서만 쓰는 말을 가리켜요. 사투리와 비슷한 뜻이지요. 예를 들어 '할아버지'를 경상도에서는 '할배', 전라도에서는 '할압시', 제주도에서는 '하르방'이라고 하는데 이러한 것들이 바로 방언이에요.

방언은 교과서에 나오는 표준어와는 달라요. 표준어는 한 나라에서 하나의 기준으로 정해 사용하는 말이에요. 표준어를 쓰면 지역에 관계없이 의사소통도 잘 되고, 지식이나 정보도 쉽게 얻을 수 있죠. 그래서 교과서나 텔레비전의 뉴스 등에서는 방언을 쓰지 않고 표준어를 쓰는 것이에요.

그런데 표준어와 방언에 대해 알고 나니 한 가지 궁금증이 생겨요. "말이 잘 안 통하는 방언 대신에 모두가 표준어만 사용하면 더 좋지 않을까?" 하고 말이에요. 그렇다면 과연 방언은 없어도 되는 걸까요?

아니요, 그렇지 않아요. 왜냐하면 방언도 표준어와 마찬가지로 소중한 우리말의 일부분이기 때문이에요. 또한 방언에는 여러 가지 장점이 있어요.

예를 들어 부산에 사는 친구가 서울로 이사를 갔을 때 같은 부산 사투리를 쓰는 다른 친구를 만나면 정말 반가울 거예요. 또한 특정 지역을 배경으로 하는 영화나 연극 등에서 그 지역의 방언을 쓴다면 더욱 생생하고 실감 나게 표현할 수도 있죠. 이외에도 방언은 우리말의 옛 모습을 간직하고 있다는 점에서 국어를 연구하는 좋은 자료가 되어 주기도 해요. 그런데 통신 기술이 발전하고 표준어를 많이 사용하게 되어 앞으로는 방언을 듣지 못할 수도 있대요. 정말 안타까운 일이죠.

표준어와 방언은 각각 장점을 가지고 있고, 서로 돕고 돕는 관계를 맺고 있어요. 만약 모두가 표준어만 쓴다면 정겹고 친근한 방언을 듣지 못할 것이고, 방언만 쓴다면 의사소통에 어려움이 생기겠죠. 그래서 우리는 상황에 맞추어 표준어와 방언을 구분하여 사용하고 둘 다 아껴 주어야 해요. 그래야만 아름다운 우리말을 더욱 오랫동안 지켜 나갈 수 있을 테니까요.

이제 우리말을 사랑하는 방법 한 가지를 더 알게 되었네요. 일상생활 속에서 어렵지 않게 해 볼 수 있는 방법이니 함께 실천하면서 우리말을 아름답게 보존하도록 해요.

제4장 문장

문장의 종류와 문장 성분을 이해해요

우리의 마음 속에는 여러 가지 생각이 가득 차 있어요. 하고 싶은 이야기도
많고 또 남들에게 보여 주고 싶은 것도 많죠. 우리는 이러한 것들을 마음
속에만 담아 두지 않고 그림, 춤, 음악 등 다양한 방법으로 표현을 해요.
생각을 표현하는 많은 방법 중에서 가장 쉬운 방법은 문장으로 나타내는
것일 거예요. '문장'은 우리의 생각과 감정을 완결된 내용으로
표현하는 가장 작은 언어 형식이죠. 문장이 무엇인지 알고,
문장을 이루는 성분들을 바르게 이해한다면 생각과 감정들을
더욱 논리적이고 정확하게 표현할 수 있게 될 거예요.

우리말 나라의
문장 보물 지도!
문장 섬에서 우리말 문장의 비밀을
속속들이 파헤쳐라

능동·피동 표현 /
주동·사동 표현

부정 표현

시간 표현

높임 표현

홑문장,
겹문장

종결 표현

문장의 의미와
주성분

부속 성분 /
독립 성분

★ 문장에도 주재료와 부재료가 있대!
★ 문장끼리 안기도 한다고?
★ 한 끗 차이로 문장이 변한다고
   하던데?

1. 문장의 의미와 주성분

박사님이 열심히 연구해서 우리말을 술술 하는 로봇 로이드를 만들었는데 고장이 난 모양이 네요. 문장을 못 만들고 단어만 말하는 바람에 박사님이 곤란하신가 봐요. 이래서는 로이드 가 무슨 말을 하고 싶은 건지 도저히 알 수가 없겠군요. 로이드에게 문장이 무엇인지 다시 한 번 입력을 해 줘야 할 것 같네요.

1. 문장이란?

문장은, 생각이나 감정을 말과 글로 표현할 때 완결된 내용을 나타내는 최소 단위예요. 보통 은 여러 개의 단어가 모여 문장을 이루지만 하나의 단어가 문장이 될 수도 있어요. 예를 들어 "네.", "아니요."와 같이 짧은 대답도 생각과 감정을 나타내 주는 문장이죠. 즉, <u>완결된 의미 를 나타낸다면 단 하나의 단어도 문장이 될 수 있는 거예요.</u>

문장이 되기 위해서는 문장이 끝났다는 것을 알려 주는 표시가 있어야 해요. 우리가 잘 알고 있는 온점(.), 물음표(?), 느낌표(!) 등이죠.

ㄱ 산, 불 → 문장 ✕

ㄴ 산에 불이 났다. → 문장 ○

ㄷ 불! → 문장 ○

의미만 충분하다면 단 한 개의 단어도 문장이 될 수 있어요!

단어를 공부할 때 단어를 더 작은 단위로 나누었던 것처럼, 문장 역시 문장을 구성하는 여러 성분으로 나누어 볼 수 있어요. 문장을 구성하면서 일정한 역할을 하는 요소들을 **문장 성분**이 라고 하는데 그중에서도 문장의 뼈대를 이루는 필수 성분을 **주성분**이라고 해요. 주성분에는 주어, 서술어, 목적어, 보어가 있어요.

2. 주성분 - 주어

주어는 문장을 이루는 주성분 중의 하나로, 문장에서 '누가', '무엇이'에 해당해요. 문장에서 움직임이나 상태, 성질의 주체를 나타내죠. 주어가 없으면 문장의 주제를 알 수 없기 때문에 반드시 필요해요.

'어절'은 문장을 구성하는 각각의 마디로 띄어쓰기의 단위가 돼요. '어절'에는 조사나 어미가 붙어 있어서 문장 성분을 알 수 있게 해 줘요.

예 ㉠ 강아지가 짖는다.

㉡ 깨끗한 옷이 비에 흠뻑 젖었다.

어절

㉠에서 주어는 '누가'에 해당하는 '강아지가'이고, ㉡의 주어는 '무엇이'에 해당하는 '깨끗한 옷이'죠. 어떤 말이 문장에서 주어 역할을 맡으려면 주어라는 것을 나타내는 표시가 필요한데, 그 표시가 바로 조사예요. (참고. 73쪽) 주어의 자격을 나타내는 조사에는 '이/가', '께서', '에서'가 있고, 때에 따라 '은/는'도 주어에 붙을 수 있어요.

하지만 주어라고 해서 반드시 조사가 붙는 것은 아니에요. 조사가 없어도 확실하게 주어임을 알 수 있을 때는 조사를 생략해요. 또한 앞뒤 문장을 통해 주어가 무엇인지 알 수 있다면 주어가 생략되기도 해요.

예 ㉢ 너, 밥 먹었어?   → 조사를 생략함.

㉣ 나경이가 어디 갔지?

  – 학교에 갔어요.   → 대답에서 주어인 '나경이가'를 생략함.

3. 주성분 - 서술어

서술어는 문장에서 주어의 움직임이나 상태, 성질을 풀이해 주는 문장 성분이에요. 서술어가 없다면 주어의 상태나 성질을 알 수가 없기 때문에 문장에서 빠뜨릴 수 없는 필수 성분이죠. 서술어는 문장에서 '어찌하다', '어떠하다', '무엇이다'에 해당해요.

㉠ 바람이 <u>불다</u>.	→ (무엇이) 어찌하다
㉡ 머리가 <u>짧다</u>.	→ (무엇이) 어떠하다
㉢ 언니는 <u>고등학생이다</u>.	→ (무엇이) 무엇이다

㉠은 사람이나 사물의 움직임을 나타내는 동사(참고. 76쪽)인 '불다'가 서술어이고, ㉡은 사람이나 사물의 상태나 성질을 나타내는 형용사(참고. 78쪽) '짧다'가 서술어예요. ㉢은 체언인 '고등학생'에 서술어임을 나타내 주는 조사 '이다'가 붙었네요. 다시 말해, <u>서술어가 될 수 있는 것은 동사, 형용사와 같은 용언, 그리고 '체언+이다'</u>인 것이죠.

서술어는 보통 문장의 끝에 위치하지만 표현을 강조하고 싶을 때는 문장의 앞에 위치하기도 해요. 또한 말하는 사람과 듣는 사람이 서술어를 모두 알고 있다면 생략되기도 하죠. 그리고 어떤 서술어가 쓰였는지에 따라서 필요한 문장 성분이 달라지기도 해요.

예 ㉣ <u>좋아해</u>, 너를. → '좋아해'라는 서술어가 앞으로 가서 표현이 강조됨.

ㅁ 이거 누가 깼니?

　- 하윤이가요. → 대답에서 서술어인 '깼어요'를 생략함.

ㅂ 하늘이 <u>푸르다</u>. → 필요한 문장 성분: 주어

　물이 얼음이 <u>되다</u>. → 필요한 문장 성분: 주어, 보어

4. 주성분 - 목적어

문장의 주성분 중의 하나인 **목적어**는 문장에서 '누구를', '무엇을'에 해당해요. 목적어의 역할을 알아보기 위해서 아래 문장을 살펴볼까요!

> **예** ㉠ 형이 [　　　] 좋아한다.　　　나는 [　　　　] 마신다.
> ㉡ 형이 동생을 좋아한다.　　　나는 우유를 마신다.

㉠처럼 문장에 목적어가 없으면 완전한 문장이 될 수 없어요. 하지만 ㉡은 '누구를' 좋아하는지, '무엇을' 마시는지 그 대상을 바로 알 수 있죠. 이처럼 목적어는 서술어가 나타내는 동작이나 행위의 목적(대상)이 되는 문장 성분이에요. 목적어에도 목적어라는 것을 알려 주는 조사가 붙기 때문에 문장에서 쉽게 구별할 수 있어요. 목적어의 자격을 나타내는 조사는 '을/를'이에요.

목적어는 자리는 일반적으로 서술어의 앞이지만, 서술어를 강조할 때 문장의 맨 앞에 놓았던 것처럼 목적어도 강조의 의미로 문장의 맨 앞에 놓일 수 있어요. 또한 문장에 목적어가 없으면 완전한 문장이 될 수 없지만, '책이 무겁다'와 같이 목적어가 꼭 필요하지 않은 경우도 있고, 목적이 되는 말이 분명할 때는 목적격 조사를 생략할 수도 있죠.

> **예** ㉢ 과자를 동생이 몰래 먹었어. → '과자를'이라는 목적어가 앞으로 가서 강조됨.
> ㉣ 오늘 가방 샀어. → 조사 '을'을 생략함.
> ㉤ 나는 그림도 잘 그린다. → 조사 '도'가 쓰임.

> 목적어에는 '도'나 '만'처럼 특별한 뜻을 더해 주는 보조사가 붙는 경우도 있어요.

5. 주성분 - 보어

<u>보어</u>는 글자 그대로 풀면 '보충해 주는 말'이라는 뜻으로, '되다', '아니다'라는 서술어 앞에서 뜻을 보충해 주는 문장 성분을 말해요. 보어는 서술어를 보충해 주는 역할을 하기 때문에 주성분이 아니라고 생각하기 쉬워요. 하지만 '되다', '아니다'가 서술어인 문장에서 보어를 빼면 <u>완전한 문장이 되지 못하기 때문에 보어도 문장의 주성분이에요.</u>

> **예** ㉠ 물이 [   ] 되다.   내일은 [   ] 아니다. → 완전한 문장이 되지 못함.
>
> ㉡ 물이 <u>얼음이</u> 되다.   내일은 <u>휴일이</u> 아니다.
>
> ㉢ 나는 <u>장난꾸러기는</u> 아니다.   → '이/가' 외에 다른 조사가 보어에 붙음.
>
> ㉣ 용돈을 다 써서 <u>빈털터리</u> 됐어.   → 조사 '가'를 생략함.

㉡에서 알 수 있듯이 보어는 문장에서 '무엇이'에 해당하는 말이에요. 그래서 주어는 아니지만 주어처럼 조사 '이/가'가 붙어요. 또한 ㉢처럼 다른 보조사(참고. 73쪽)가 붙기도 하고, ㉣처럼 조사가 생략되는 경우도 있어요. 하지만 주어처럼 '께서'나 '에서'는 붙을 수 없지요.

1 다음 내용 중 옳은 것에는 ○표, 옳지 않은 것에는 ×표 하세요.

(1) 주성분은 문장에서 필수적인 역할을 하는 성분으로 주어, 서술어, 목적어가 있다. (　　)

(2) 주어는 문장에서 움직임이나 상태, 성질의 주체를 나타낸다. (　　)

(3) 서술어는 문장의 끝에만 놓일 수 있으며, 때에 따라 생략할 수도 있다. (　　)

(4) 목적어가 반드시 필요하지 않은 문장도 있다. (　　)

(5) 보어는 '되다', '아니다'라는 서술어 앞에서 뜻을 보충해 주지만 주성분은 아니다. (　　)

2 <보기>와 같이 다음 문장에서 주어를 찾아 ○표 하세요.

보기	(강물이) 매우 맑다.

(1) 강아지가 맛있게 간식을 먹는다.　　　　(2) 학생회에서 축제를 열기로 결정했다.

(3) 올해 여름은 날씨가 변덕스럽다.　　　　(4) 아버지께서 며칠 동안 출장을 가신다.

(5) 운동을 열심히 했더니 다리가 아프다.

3 <보기>와 같이 다음 문장에서 서술어를 찾아 ○표 하세요.

보기	빨래를 방 안에 (널었다.)

(1) 볶음밥을 맛있게 만들었다.　　　　(2) 동생이 언니보다 키가 더 크다.

(3) 눈부시구나! 하늘이.　　　　(4) 서윤이는 정말 씩씩해.

(5) 이 그림은 언니의 작품이다.

4 다음 문장에서 밑줄 친 말이 해당하는 부분을 찾아 ○표 하세요.

(1) 오빠가 내 만두를 다 <u>먹었다</u>.　　　㉠ 어찌하다　㉡ 어떠하다　㉢ 무엇이다

(2) 나의 장래 희망은 <u>프로그래머이다</u>.　　㉠ 어찌하다　㉡ 어떠하다　㉢ 무엇이다

(3) 꽃밭의 장미가 <u>시들시들하다</u>.　　　㉠ 어찌하다　㉡ 어떠하다　㉢ 무엇이다

5 다음 문장에서 목적어를 찾아 써 보세요.

(1) 동생은 방을 닦고 있어.　➡ (　　　　　)

(2) 선물을 받았어, 친구한테.　➡ (　　　　　)

(3) 나는 운동 중에서 달리기만 잘한다.　➡ (　　　　　)

(4) 온 가족이 시골에 할머니를 뵈러 갔다.　➡ (　　　　　)

6 <보기>를 참고하여 빈칸에 알맞은 보어를 써 보세요.

보기	벌써 **새해가** 되었구나!

(1) 동생이 태어나 나는 (　　　　　) 되었어요.

(2) 병아리가 어느새 (　　　　　) 되었다.

(3) 나는 이 학교의 (　　　　　) 아닙니다.

2. 부속 성분 / 독립 성분

1. 부속 성분 - 관형어

에구, 엄마가 가방을 찾아 주시느라 고생을 많이 하셨네요. 은수가 처음부터 꾸며 주는 말을 정확히 넣어서 이야기를 했다면 좀 더 빨리 찾을 수 있었을 텐데요. 은수의 말에서 꾸며 주는 말을 찾아 볼까요?

'검은', '동그란'은 가방을, '긴'은 어깨끈을 꾸며 주고 있네요. 이처럼 문장에서 다른 성분을 꾸미면서 의미를 더해 주는 문장 성분을 **부속 성분**이라고 해요, 관형어와 부사어가 포함되죠. 그중 '검은'과 '긴'처럼 체언(참고. 65쪽)을 꾸며 주는 문장 성분인 **관형어**는 문장에서 '어떤', '누구의(무엇의)'에 해당해요.

예 ㉠ 엄마가 가방을 갖다 주셨다.　　㉡ 엄마가 검은 가방을 갖다 주셨다.

관형어와 같은 부속 성분은 문장에서 꼭 필요한 것은 아니에요. ㉠에서 알 수 있듯이 꾸며 주는 말 없이도 문장은 이루어져요. 하지만 그림에서 본 것처럼 주성분만으로는 말하고자 하는 바를 정확히 나타내기가 어려운 경우가 있기 때문에 부속 성분이 필요하죠.

관형어의 형태에는 여러 가지가 있어요.

① 관형사	새 신발을 신었다.
② 체언 + 조사 '의'	그건 친구의 공책이야. (=그건 친구 공책이야.)
③ 용언의 어간 + '-ㄴ', '-는', '-던', '-ㄹ' 등	춤추는 모습이 아주 멋지다.

①에서는 관형사 '새'가 '신발'을 꾸며 주고 있는데, 이처럼 관형사(참고. 82쪽)가 그대로 관형어로 쓰일 수 있어요. ②에서는 체언인 '친구'에 조사 '의'가 붙어서 '공책'을 꾸며 주고 있어요. 체언에 조사 '의'가 붙은 형태도 관형어로 쓰여요. 때로는 '친구 공책이야'처럼 조사를 생략할 수도 있죠. ③에서는 '춤추다'라는 동사가 활용하여 '모습'을 꾸며 주고 있네요. 이렇게 용언의 어간에 관형어를 만드는 어미가 붙어서 관형어가 될 수도 있어요.

> 어간과 어미를 기억하죠? 어간은 용언이 문장에서 쓰일 때 형태가 바뀌지 않는 부분이고 어미는 용언이 문장에서 쓰일 때 형태가 바뀌는 부분이에요.

2. 부속 성분 – 부사어

문장에서 다른 문장 성분을 꾸며 주는 부속 성분에는 부사어도 있어요. 부사어는 품사에서 배웠던 부사(참고. 84쪽)와 비슷한 역할을 해요. **부사어는 주로 용언을 꾸미면서 다른 부사어나 관형어를 꾸며 주기도 하죠. 또한 문장 전체를 꾸미거나, 문장과 문장을 연결해 주는 역할도 해요. 문장에서는 '어떻게', '얼마나', '어디서' 등에 해당해요.

관형어와 마찬가지로 부사어의 형태에도 여러 가지가 있어요.

① 부사	축구가 <u>무척</u> 재미있다.
② 체언+조사 '에/에게', '와/과', '로/으로', '부터/까지' 등	범인은 <u>여기에</u> 있다.
③ 용언의 어간 + '-게', '-도록', '-아서/-어서', '-이' 등	책상을 <u>깨끗하게</u> 정리하세요.

①에서는 부사 '무척'이 '재미있다'를 꾸며 주고 있죠. 이렇게 부사가 그대로 쓰여서 부사어가 될 수 있어요. 또한 ②는 '여기'라는 체언에 조사 '에'가 붙어서 '있다'를 꾸며 주고 있어요. 이처럼 체언에 부사어를 만드는 조사가 붙어서 부사어로 쓰이기도 하죠. 체언뿐 아니라 ③처럼 용언이 활용한 형태가 부사어가 될 수도 있어요. '깨끗하다'라는 형용사가 활용한 '깨끗하게'가 뒤의 '정리하세요'를 꾸며 주고 있는 것처럼요.

'관형사와 관형어', '부사와 부사어' 등 비슷한 말들이 많이 나와서 혹시 머리가 아프지는 않나요? 하지만 너무 어렵게 생각하지 마세요. '사'자 돌림인 '관형사'와 '부사'는 단어들을 공통된 성질로 나누어 둔 품사이고, '어'자 돌림인 '관형어'와 '부사어'는 문장 성분이라는 것을 기억하면 돼요.

3. 독립 성분 – 독립어

지금까지 배운 문장 성분들은 모두 다른 문장 성분들과 관계를 맺고 있었어요. 하지만 문장 안에서 다른 문장 성분들과 직접적인 관계를 맺지 않는 **독립 성분**도 있어요. 바로 **독립어**죠. 독립어가 문장에서 어떤 모습으로 나타나는지 형태를 살펴봐요.

① 감탄사	아차, 숙제를 깜빡했네!
② 체언 + 조사 '아/야', '이여/여'	태형아, 뭐하니? (=태형, 뭐하니?) → **조사 생략**

①에서 감탄사 '아차'는 잘못된 것을 깨달았다는 느낌을 나타내 주고 있는데, 이렇게 감탄사가 그대로 쓰여서 독립어가 될 수 있어요. 따라서 독립어는 문장에서 부름, 대답, 감탄을 나타내죠. 그리고 ②에서는 '태형'이라는 체언에 조사 '아'가 붙어서 누군가를 부르는 말이 되었어요. 이와 같이 체언에 조사 '아/야', '이여/여' 등이 붙어서 누군가를 부르는 말도 독립어가 될 수 있어요. 이때 체언 뒤에 붙은 조사는 생략하고 말하기도 해요.
①과 ②에서 보듯이 독립어 뒤에는 보통 반점(,)이 쓰이는데, 느낌을 강하게 나타낼 때에는 느낌표(!)가 쓰여요. 그래서 문장에서 어렵지 않게 독립어를 찾을 수 있어요.

독립어의 예를 몇 가지만 더 살펴볼까요?

> **예** · 어머나, 정말 예쁜 꽃이구나. → 놀람
> · 네, 지금 곧 갈게요. → 대답
> · 야! 빨리 가자! → 부름
> · 우아, 바깥에 눈이 와! → 감탄

이번 시간에는 문장의 부속 성분인 관형어와 부사어, 독립 성분인 독립어를 공부했어요. 문법 용어들이 많이 나와서 어렵게 느껴질 수도 있겠지만 하나씩 차근차근 정리하다 보면 어느새 머릿속에 문법 지도가 쓱쓱 그려질 거예요.

1 다음 내용 중 옳은 것에는 ○표, 옳지 않은 것에는 ×표 하세요.

⑴ 문장의 부속 성분은 다른 문장 성분을 꾸며 주는 필수적인 요소이다.　　　　（　　　）

⑵ 문장의 부속 성분에는 관형어, 부사어, 독립어가 있다.　　　　（　　　）

⑶ 관형어는 체언을 꾸미고, 부사어는 주로 용언을 꾸민다.　　　　（　　　）

⑷ 독립어는 다른 문장 성분과의 관계가 긴밀하다.　　　　（　　　）

2 <보기>와 같이 관형어에는 ○표 관형어가 꾸미는 말에는 △표 하세요.

보기	두껍아, 두껍아 ⟨헌⟩ △집△ 줄게.

⑴ 이 약은 너무 써서 먹기 힘들다.

⑵ 친구의 고민에 귀 기울여 주세요.

⑶ 떨어지는 별똥별에 소원을 빌었다.

3 다음 문장에서 알맞은 관형어의 형태를 찾아 선으로 이으세요.

⑴ 잃어버렸던 지갑을 찾아서 다행이다.　·　　　　·㉠ 관형사

⑵ 엄마가 귤의 껍질을 말려 차를 만드셨다.　·　　　　·㉡ 체언 + 조사 '의'

⑶ 졸업식에 모든 학생이 참석해서 기쁩니다.　·　　　　·㉢ 용언의 어간 +
　　　　　　　　　　　　　　　　　　　　　　　　'-ㄴ', '-는', '-던', '-ㄹ' 등

4 <보기>와 같이 부사어에는 ○표 부사어가 꾸미는 말에는 △표 하세요.

| 보기 | 지각이야, ⃝빨리 △가자 |

(1) 사과가 주렁주렁 열렸다.

(2) 우리 가족은 바다에 도착했다.

(3) 동생의 얼굴이 까맣게 탔다.

5 다음 문장에서 알맞은 부사어의 형태를 찾아 선으로 이으세요.

(1) 불이 나면 비상구로 탈출하세요. ・   ・ ㉠ 부사

(2) 추워서 얼굴만 쏙 내밀었다. ・   ・ ㉡ 체언 + 조사 '에/에게', '와/과', '로/으로', '부터/까지' 등

(3) 친구와 크게 다투고 말았다. ・   ・ ㉢ 용언의 어간 + '-게', '-도록', '-아서/-어서', '-이' 등

6 다음 문장에서 독립어를 찾아 써 보세요.

(1) 선생님, 질문이 하나 있어요. ➠ (   )

(2) 맙소사! 내일이 개학이라니! ➠ (   )

(3) 쉿, 아기가 자고 있어. 조용히 해. ➠ (   )

(4) 채은아, 너의 생일을 정말 축하해. ➠ (   )

(5) 이야, 작년보다 키가 많이 컸구나. ➠ (   )

🛞 3. 홑문장, 겹문장

1. 문장의 짜임

저런! 갑자기 불어온 바람에 모자가 날아갔네요. 모자가 날아가는 모습을 보고 두 친구가 걱정스럽게 이야기를 하고 있어요. 그런데 두 친구가 말한 문장을 살펴보니 차이점이 있어요. 무엇이 다를까요? 힌트는 바로 문장의 주성분인 주어와 서술어! 그럼 정답을 바로 공개할게요.

> **예** ㉠ 모자가 바람에 날아가네!
>   주어   서술어
>
>   ㉡ 바람이 불어서 모자가 날아갔어!
>   주어   서술어   주어   서술어

앞서 나온 문장의 짜임을 살펴보면 ㉠은 주어와 서술어의 짝이 한 번만 이루어지는 데 반해, ㉡은 주어와 서술어의 짝이 두 번 나타나고 있어요. ㉠처럼 한 문장에 서술어가 하나만 나타나서 주어와 서술어의 관계가 한 번만 맺어지는 문장을 **홑문장**이라고 하고, ㉡처럼 한 문장에 서술어가 둘 이상 나타나서 주어와 서술어의 관계가 두 번 이상 맺어지는 문장을 **겹문장**이라고 해요. 여기서 '홑'은 '하나인' 또는 '혼자인'이라는 뜻이고, '겹'은 '거듭된'이라는 뜻이죠.

홑문장과 겹문장을 구분할 때는 문장의 주성분 중에서 주어와 서술어만 찾으면 돼요. 목적어나 보어 등 다른 문장 성분의 수는 관계가 없어요. 즉, 주어와 서술어의 짝이 몇 개가 있는지가 포인트가 되는 것이지요. 간단하게 홑문장과 겹문장을 구분하는 연습을 해 볼까요?

> **예** ㉢ 효진이가 운동장을 달린다.
>   주어   목적어   서술어
>
>   ㉣ 은이가 엄마가 만든 떡볶이를 먹었다.
>   주어 (주어+서술어) 목적어 서술어

㉢은 주어인 '효진이가'와 서술어인 '달린다'의 짝이 한 번만 맺어진 홑문장이에요. ㉣은 어떤가요? 먼저 '은이가 먹었다'라는 주어와 서술어의 짝을 하나 찾을 수가 있고, 문장 안에서 또다시 주어와 서술어로 이루어진 '엄마가 만든'이라는 짝을 찾을 수 있어요. 이처럼 주어와 서술어의 관계가 두 번 이상 맺어지는 문장이 바로 겹문장이에요.

2. 겹문장의 종류 – 안은문장과 이어진문장

겹문장은 '안은문장'과 '이어진문장'으로 종류가 나뉘어요. 먼저 **안은문장**은 홑문장이 다른 문장의 한 성분이 되어 만들어진 문장이에요. 이때 문장 속에 들어가 하나의 문장 성분으로 쓰이는 홑문장을 '**안긴문장**'이라고 하고, 홑문장을 포함하고 있는 문장을 '**안은문장**'이라고 해요. 안은문장을 이해하려면 먼저 '절'이 무엇인지 알아야 하는데, '**절**'이란 주어와 서술어를 갖고 있지만 문장의 일부분으로 쓰이는 단위예요.

> **예** ㉠ 우리는 (방학이 오기)를 기다린다.
>   주어   (주어+서술어)   서술어   → 명사절을 안은 문장
>   명사절(안긴문장)

이 문장에서 '방학이 오기(오다)'는 주어와 서술어를 갖추고 있지만 독립적으로 쓰이지 못하고 문장의 한 성분으로 쓰이고 있어요. 문장에서 명사처럼 쓰여서 목적어의 역할을 하고 있는

데 이처럼 문장에서 명사처럼 쓰이는 절을 '명사절'이라고 하고, 명사절을 안고 있는 문장을 '명사절을 안은 문장'이라고 해요. 명사절은 목적어뿐 아니라 주어나 보어의 역할을 맡기도 하죠.

이외에도 안은문장의 종류에는 몇 가지가 더 있어요.

| 예 | ⓒ 이것은 <u>내가 좋아하던</u> 인형이다. | '내가 좋아하던'이라는 안긴문장이 안은문장의 체언, '인형'을 꾸며 주는 관형어의 역할을 함. → **관형절을 안은 문장** |

ⓒ 구름이 <u>흔적도 없이</u> 사라졌다.

'흔적도 없이'라는 안긴문장이 안은문장의 '사라졌다'라는 용언을 꾸미는 부사어의 역할을 함. → **부사절을 안은 문장**

ⓔ 나경이는 <u>눈이 예쁘다</u>.

'눈이 예쁘다'가 주어인 '나경이는'을 서술하는 서술어의 역할을 함.
→ **서술절을 안은 문장**

ⓜ 은우가 "<u>엄마!</u>" 하고 소리쳤다.

인용하는 말이 절의 형식으로 안겨 있음.
→ **인용절을 안은 문장**

다음은 이어진문장을 알아봐요. **이어진문장**은 쉽게 말해 둘 이상의 홑문장이 이어져서 이루어진 문장을 말하는데, 앞뒤 문장의 관계에 따라서 '대등하게 이어진 문장'과 '종속적으로 이어진 문장'으로 나뉘어요.

> 대등하다는 것은 서로 견주어 보았을 때 어느 쪽이 낫거나 못하지 않고 비슷하다는 뜻이에요.

| 예 | ㉠ 언니는 음악을 좋아하고, 나는 체육을 좋아한다.
(=언니는 음악을, 나는 체육을 좋아한다.) |

㉠은 '언니는 음악을 좋아한다'와 '나는 체육을 좋아한다'라는 문장이 '-고'라는 연결 어미로 이어진 문장이에요. 앞뒤 문장의 순서를 바꾸어도 의미에 큰 변화가 없죠. 이처럼 홑문장과 홑문장이 이어질 때 앞뒤 문장의 의미 관계가 대등한 문장을 '**대등하게 이어진 문장**'이라고 해요. 대등하게 이어진 문장의 또 한 가지 특징은 앞뒤 문장의 서술어가 같을 때 중복되는 앞

문장의 서술어를 생략할 수 있다는 것이에요.

> **예** ㉡ 나는 기분이 좋아<u>서</u> 노래를 불렀다.
>
> ㉢ 꽃이 많으<u>면</u> 열매도 많다. (≠꽃이, 열매도 많다. (×))

㉡은 '나는 기분이 좋다'와 '나는 노래를 불렀다'라는 문장이 '-서'라는 연결 어미로 이어져 있어요. 앞 문장인 '기분이 좋다'는 원인을, '노래를 불렀다'는 결과를 나타내죠. 이처럼 홑문장과 홑문장이 이어질 때 의미 관계가 독립적이지 못한 문장을 '**종속적으로 이어진 문장**'이라고 해요.

종속적이라는 것은 어떤 것에 딸려 붙어 있다는 뜻이에요.

종속적으로 이어진 문장은 <u>앞뒤 문장의 순서를 바꾸면 의미가 통하지 않거나 달라지기도 해요</u>. 또한 앞뒤 문장의 주어가 같을 때는 주어를 하나만 남기고 나머지를 생략할 수 있지만, ㉢처럼 앞뒤 문장의 서술어가 같을 때는 중복되는 앞 문장의 서술어를 생략할 수 없어요.

그럼 대등하게 이어진 문장과 종속적으로 이어진 문장의 예를 몇 가지 더 살펴봐요.

> **예** ㉣ 저 가수를 좋아하는 사람도 있지<u>만</u> 싫어하는 사람도 있을 거야.
>
> ⤷ 앞뒤 문장의 순서를 바꾸어도 의미가 크게 변하지 않고, 의미 관계가 대등함.
>
> → 대등하게 이어진 문장
>
> ㉤ 열심히 노력하<u>면</u> 시합에서 이길 수 있다.
>
> ⤷ 앞 문장이 뒤 문장의 조건이 되고, 앞 문장과 뒤 문장의 순서를 바꾸면 의미가 통하지 않음. → 종속적으로 이어진 문장

홑문장과 겹문장의 장점을 잘 알고 있으면 글을 쓸 때 유용해요. <u>홑문장을 중심으로 쓴 글은 호흡이 빠르고 군더더기가 없는 느낌을 주고, 사건 하나하나가 독립적인 느낌을 줘요</u>. 한편 겹문장은 문장이 길어서 호흡이 느리고 묵직한 느낌을 주지만 두 가지 이상의 사건이 긴밀하게 관련되었다는 느낌을 줄 수 있어요.

1 설명하는 내용에 맞게 빈칸에 알맞은 말을 써 보세요.

(1) 문장은 주어와 서술어가 맺어지는 횟수에 따라 (   )과 (   )으로 나누어진다.

(2) (   )은 주어와 서술어의 관계가 한 번만 맺어지는 문장을 말한다.

(3) 주어와 서술어의 관계가 두 번 이상 맺어지는 문장을 (   )이라고 한다.

2 <보기>와 같이 주어에는 ○표 서술어에는 △표 하세요.

> 보기   나는 엄마가 돌아오기를 기다렸다.

(1) 책 속에 길이 있다.

(2) 하늘이 눈이 부시게 아름다웠다.

(3) 안은 따뜻하고 바깥은 춥다.

(4) 해가 져서 주변이 깜깜해졌다.

3 다음 문장이 홑문장이면 '홑', 겹문장이면 '겹'이라고 써 보세요.

(1) 코끼리는 코가 길다.   (   )

(2) 창밖에는 비가 온다.   (   )

(3) 봄이 오면 꽃이 핀다.   (   )

(4) 나는 방에서 노래를 들었다.   (   )

4 다음 문장이 안은문장이면 ○표, 안은문장이 아니면 ×표 하세요.

(1) 지윤이는 혜원이가 사과하기를 기다렸다. (　　)

(2) 장미꽃을 사러 꽃집에 갔다. (　　)

(3) 태준이는 나에게 "내가 바닥을 닦을게"라고 말했다. (　　)

5 <보기>와 같이 안긴문장을 찾아 밑줄을 그어 보세요.

보기	이것은 <u>내가 읽던</u> 책이다.

(1) 나는 작년에 갔던 바다를 떠올렸다.

(2) 기린은 목이 길다.

(3) 그 가수는 밤이 새도록 춤을 연습했다.

6 다음 문장이 이어진문장이면 ○표, 이어진문장이 아니면 ×표 하세요.

(1) 지수는 그림을 그리면 기분이 좋아진다. (　　)

(2) 바람이 불고 나뭇잎이 떨어진다. (　　)

(3) 현주는 선욱이를 봤다고 말했다. (　　)

7 다음 문장이 대등하게 이어진 문장이면 '대', 종속적으로 이어진 문장이면 '종'이라고 써 보세요.

(1) 벼는 익을수록 고개를 숙인다. (　　)

(2) 날씨는 따뜻하지만 미세먼지 수치는 높다. (　　)

(3) 나는 배도 좋아하고 사과도 좋아한다. (　　)

(4) 머리가 아프니까 눈앞이 노랗다. (　　)

4. 종결 표현

숙제 검사 때문에 교실 안이 시끌시끌하네요. 숙제를 한 친구와 하지 않은 친구들이 뒤섞여서 이야기를 나누고 있어요. 그런데 친구들의 대화를 자세히 들여다보니 '숙제를 하다'라는 문장이 여러 모습으로 나타나고 있네요.

예 · 숙제를 <u>했어</u>.   · 숙제를 <u>했니</u>?   · 숙제를 <u>했구나</u>.
　　· 숙제를 <u>하자</u>.   · 숙제를 <u>해라</u>.

문장의 끝부분만 바뀌었을 뿐인데 느낌이 전혀 다르지요? 이렇게 문장의 느낌이 달라진 이유는 바로 우리말의 종결 표현 때문이에요. **종결 표현**은 문장을 끝맺는 데 쓰이는 표현으로 어떤 **종결 어미**(문장을 끝맺는 말)를 쓰느냐에 따라 문장의 종류가 달라져요. 종결 표현에 따른 문장의 종류에는 어떤 것들이 있는지 하나씩 알아봐요.

1. 평서문

> **예** · 도서관에 갔다.   · 꽃이 피었네.   · 학교에 다녀오겠습니다.

위의 문장들은 있는 그대로의 사실을 전하고 있어요. 이처럼 말하는 이가 듣는 이에게 하고 싶은 말을 단순하게 전달하는 문장을 **평서문**이라고 해요. 평서문을 끝맺을 때는 '-다, -ㅂ니다, -아요/-어요, -아/-어, -네' 등의 종결 어미를 쓰고 문장 끝에는 주로 온점(.)을 써요.

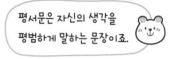

평서문은 자신의 생각을 평범하게 말하는 문장이죠.

2. 의문문

> **예** · 지금 몇 시니?   · 어디로 갔냐?   · 밥을 먹었습니까?

위의 문장들은 상대방에게 질문을 하고 대답을 요구하고 있어요. 이와 같이 말하는 이가 듣는 이에게 질문하여 대답을 요구하는 문장을 **의문문**이라고 해요. 문장 끝에 물음표(?)가 붙어 있기 때문에 질문을 하고 있다는 것을 쉽게 알 수 있죠. 의문문을 끝맺을 때는 '-니, -ㅂ니까, -아요/-어요, -아/-어, -냐' 등의 종결 어미를 써요.

3. 명령문

> **예** · 골고루 먹어라.   · 청소 좀 하게.   · 신호를 지키십시오!

명령문은 말하는 이가 듣는 이에게 무엇을 시키거나 행동을 요구하는 문장이에요. 남에게 무언가를 하도록 시키는 문장이기 때문에 주어는 항상 듣는 이가 되고, 서술어는 항상 동사가 돼요.

지금보다 더 예뻐라.

명령문을 끝맺을 때는 '-아라/-어라, -게, -십시오, -세요, -아/-어' 등의 종결 어미를 쓰고, 문장의 끝에는 주로 온점(.)을 써요. 하지만 명령의 의미를 강조할 때는 느낌표(!)를 쓰기도 해요. 또한 듣는 사람을 앞에 두지 않고 간접적으로 명령을 하는 문장을 만들 수도 있어요. 종결 어미 '-으라'를 사용해 '답지에 알맞은 답을 쓰라'처럼 말할 수도 있죠.

4. 청유문

> **예** ·집에 같이 가자. ·식사하러 가세. ·함께 노래합시다.

청유문은 말하는 이가 듣는 이에게 어떤 행동을 함께 하도록 요청하거나 제안하는 문장이에요. 청하고 권유하는 문장이라는 뜻이죠. 위 문장에서 보듯이 청유문은 말하는 이와 듣는 이가 함께 어떤 행동을 하는 것이기 때문에 청유문의 주어는 거의 '우리가'가 돼요. 또한 행동과 관련된 일이므로 동사만이 청유문의 서술어가 될 수 있어요. 청유문의 종결 어미로는 '-자, -세, -ㅂ시다' 등이 쓰이고, 문장의 끝에는 주로 온점(.)을 써요.

5. 감탄문

> **예** ·정말 키가 크구나! ·물이 참 맑군! ·정말 귀엽군요!

마지막으로 감탄문을 살펴봐요. 감탄문은 말하는 이가 듣는 이를 별로 의식하지 않은 상태에서 혼잣말처럼 자기의 느낌을 표현하는 문장을 말해요. 해질녘에 예쁘게 노을 진 하늘을 보고 "와, 노을이 정말 아름답구나!" 하고 감탄한 적이 있을 거예요. 이처럼 감탄문은 말하는 이의 기쁨, 슬픔, 놀람 등의 감정을 나타내요. 감탄문을 끝맺을 때는 '-구나, -군, -군요, -구려, -아라/-어라' 등이 쓰이고 문장 부호는 주로 느낌표(!)를 써요.

지금까지 종결 표현에 따른 문장의 종류를 공부했어요. 하지만 문장의 의미를 잘 파악하려면 상황도 살펴야 해요. 상황에 따라서 평서문이 명령문이 되기도 하고, 의문문도 명령의 기능을 하기 때문이에요.

때로는 청유문이 명령의 의미를 나타내기도 해요.

어때요? 우리말의 종결 표현이 참 재미있지 않나요? 평소에 잘 쓰는 말인데도 이렇게 나눠 놓으니까 어렵게 느껴지기도 할 거예요. 하지만 일상생활에서 자연스럽게 사용하고 있으니 너무 어렵게 생각하지 마세요. 다만 우리말 문장의 종류에 평서문, 의문문, 명령문, 청유문, 감탄문이 있다는 것을 알았으니 글을 쓸 때나 말할 때 멋지게 활용해 보면 더 좋겠죠?

1 다음 내용 중 옳은 것에는 ○표, 옳지 않은 것에는 ✕표 하세요.

(1) 문장을 끝맺는 종결 어미를 보면 문장의 종류를 알 수 있다. ( )

(2) 평서문과 의문문의 끝에는 같은 문장 부호를 붙인다. ( )

(3) 명령문의 서술어로는 동사와 형용사를 모두 쓸 수 있다. ( )

(4) 청유문은 말하는 이를 의식하지 않고 자신의 느낌을 표현하는 문장이다. ( )

2 다음 문장의 종류를 알맞게 구분하여 선으로 이으세요.

(1) 내일 같이 도서관에 갈까? · · ㉠ 평서문

(2) 엄마, 학교 다녀오겠습니다. · · ㉡ 의문문

(3) 외투를 입고 나가거라. · · ㉢ 명령문

3 <보기>와 같이 주어진 문장의 종류로 알맞은 것을 찾아 ○표 하세요.

보기	평서문 ➡ ㉠ 봄이 오면 꽃이 피네. (○) ㉡ 손을 깨끗이 씻으십시오. ( )

(1) 의문문 ➡ ㉠ 비가 오니 우산을 챙겨라. ( )

㉡ 이 연필이 네 것이 맞니? ( )

(2) 청유문 ➡ ㉠ 어려운 이웃을 도웁시다. ( )

㉡ 벌써 시간이 이렇게 되었구나! ( )

(3) 감탄문 ➡ ㉠ 딸기가 정말 달콤하군요! ( )

㉡ 어질러진 물건들을 정리하게. ( )

4 빈칸에 공통으로 들어갈 문장 부호를 고르세요.

(1) ㉮ 무지개가 정말 예쁘구나(　　　)

　　 ㉯ 날이 많이 더워졌군(　　　)

　　　　　　　　　　　㉠ 물음표(?)　　㉡ 느낌표(!)

(2) ㉮ 저기 선생님이 오시네(　　　)

　　 ㉯ 내년에 중학생이 됩니다(　　　)

　　　　　　　　　　　㉠ 온점(.)　　㉡ 느낌표(!)

(3) ㉮ 강아지를 만져 봐도 되나요(　　　)

　　 ㉯ 이게 도대체 무슨 일이냐(　　　)

　　　　　　　　　　　㉠ 온점(.)　　㉡ 물음표(?)

5 주어진 문장의 종류에 알맞은 종결 어미를 빈칸에 써 보세요.

(1) 평서문 ➡ 하늘이 흐린 걸 보니 곧 소나기가 쏟아지겠(　　　).

(2) 의문문 ➡ 내일은 몇 시에 일어나(　　　)?

(3) 명령문 ➡ 영화관에서는 조용히 하(　　　).

(4) 청유문 ➡ 은아야, 공원의 쓰레기를 함께 줍(　　　).

(5) 감탄문 ➡ 소정이는 달리기가 정말 빠르(　　　)!

5. 높임 표현

현우네 집에 할머니가 오셨어요. 그런데 현우가 말실수를 해서 엄마에게 꾸중을 들었네요. 할머니께는 높임말을 써야 하는데 실수로 반말을 쓰고 말았네요. 우리말은 높임 표현이 잘 발달되어 있어요. 그래서 대화하는 상대가 누구인지에 따라 말로써 높고 낮음을 구별하여 표현해요. 현우처럼 말실수를 하지 않도록 우리말의 높임 표현에 대해 알아보도록 해요.

높임 표현은, 말하는 대상이나 상대방이 누구인지에 따라 높임의 정도를 달리하여 표현하는 방식을 말해요. 우리말의 높임 표현에는 주체 높임법, 객체 높임법, 상대 높임법의 세 가지가 있어요. 복잡해 보이지만 하나씩 차근히 공부해 봐요.

1. 주체 높임법

주체 높임법은 서술어의 주체, 다시 말해 문장에서 주어에 해당하는 대상을 높이는 표현 방법이에요. 문장의 주어가 말하는 이보다 나이가 많거나 사회적으로 지위가 높은 사람일 경우에 사용해요.

> **예** ㉠ 아버지께서 책을 읽으신다.　　　㉡ 할머니는 눈이 밝으시다.

먼저 ㉠을 보세요. 문장의 주어인 아버지가 나보다 윗사람이기 때문에 조사 '가' 대신에 대상을 높이는 조사 '께서'를 쓰고, '읽는다'가 아닌 '읽으신다'를 썼어요. 주체 높임법의 대표적인 방법은 문장의 주어에 조사 '께서'를 넣고, 서술어에 높임의 뜻을 나타내는 '-시-'를 넣어서 표현하는 거예요.

한편 ㉡은 할머니의 신체 부분인 '눈'을 높여 표현함으로써 할머니를 간접적으로 높이고 있죠. 이처럼 주체와 밀접한 관계가 있는 대상을 나타내는 서술어에 '-시-'를 넣어서 주체를 간접적으로 높일 수도 있어요. 높임 대상의 물건이나 신체, 관련 있는 사람 등이 해당하죠.

> **예** 엄마는 걱정거리가 있으시다. (○)
>
> 　　 엄마는 걱정거리가 계시다. (×)
>
> 　　　　주어를 간접적으로 높일 때에는
> 　　　　'있으시다'를 써야 해요.

이외에도 아래 ㉢처럼 특수한 단어를 사용하여 문장의 주어를 높이기도 하는데, '연세', '진지', '잡수시다', '계시다' 등이 있어요.

> **예** ㉢ 할머니께서 진지를 잡수신다.

높임 표현에 사용되는 특수한 단어에는 또 무엇이 있나요?

편찮으시다(아프다), 드시다(먹다), 댁(집), 성함(이름), 말씀(말) 등이 있단다.

2. 객체 높임법

객체 높임법은 문장의 목적어나 부사어가 가리키는 대상을 높이는 표현 방법이에요. 여기에서 객체란, 동작의 행위가 미치는 대상을 말해요.

위의 대화에서 엄마는 객체 중에서 목적어를 높이고 있어요. 할아버지를 높이기 위해서 '보러(보다)' 대신에 '뵈러(뵈다)'를 썼죠. 한편 아이는 객체 중에서 부사어를 높이고 있어요. 할아버지를 높이기 위해서 '에게' 대신에 '께'를, '줄(주다)' 대신에 '드릴(드리다)'을 썼죠.
이와 같이 객체 높임법에서는 '드리다, 모시다, 여쭙다'와 같은 특수한 단어나, 부사어를 만드는 조사인 '에게'의 높임 표현인 '께'가 사용돼요.

3. 상대 높임법

상대 높임법은 말하는 사람이 듣는 이에 따라 말을 높이거나 낮추는 높임 표현이에요. 상대 높임법이라고 부르는 이유는 상대방을 높이기 때문이죠. 상대가 나보다 어리거나 지위가 낮을 때에는 낮춤 표현을 쓰지만 이 또한 상대 높임에 포함돼요.

상대 높임법은 종결 어미, 즉 문장의 끝맺음 표현을 사용해서 나타내요. 문장을 어떻게 끝맺는지에 따라 높이고 낮추는 정도를 조절할 수 있죠.

예 ㉠ (웃어른께) 여기 앉으십시오.　　　　↑ **높임**

ㄴ (형에게) 형, 여기 앉아요.

ㄷ (친구에게) 우빈아, 여기 앉아.　　　　↓ **낮춤**

똑같이 앉으라는 표현을 하고 있지만 듣는 사람이 누구인지에 따라 종결 어미를 다르게 사용했어요. 상대 높임법에서는 주로 다음과 같은 끝맺음 표현을 사용해서 높이는 정도를 조절해요.

높임	-ㅂ시오, -오, -요 등
낮춤	-게, -어라, -어 등

우리말은 높임 표현이 무척이나 발달해서 외국인들이 우리말을 배울 때 어려움을 많이 느낀다고 해요. 그런데 요즘은 우리 주변에서도 잘못된 높임 표현을 쓰는 모습을 종종 보곤 해요. 여러분들도 카페에서 '음료 나오셨습니다'와 같이 말하는 것을 본 적이 있을 거예요. 이제는 우리말의 높임 표현에 대해 배웠으니 상황에 따라 알맞은 높임 표현을 사용하도록 해요.

1 다음 문장에 들어갈 높임 표현으로 알맞은 것을 찾아 ○표 하세요.

(1) 할머니께서 (밥을 / 진지를) 잡수신다.

(2) 연주가 선생님을 (모시고 / 데리고) 왔다.

(3) 삼촌, 이번 주에 놀이 공원에 같이 (가자 / 가요) .

2 <보기>와 같이 빈칸에 알맞은 말을 써 보세요.

보기	이 가방을 할머니(**께**) 드려라.

(1) 선생님(   ) 내가 쓴 독후감의 맞춤법을 고쳐 주셨다.

(2) 어버이날에 부모님(   ) 꽃을 달아 드렸다.

(3) 시골에 계신 할머니, 할아버지(   ) 편지를 썼다.

(4) 교장 선생님(   ) 조회 시간에 훈화 방송을 하신다.

3 <보기>와 같이 문장에서 높임의 대상을 찾아 ○표 하세요.

보기	수진이가 과일을 엄마께 드렸다.

(1) 아버지께서 맛있게 요리를 하신다.

(2) 할아버지, 바지가 잘 어울리시네요.

(3) 소희야, 선생님께서 너 보고 오라고 하셔.

4 <보기>와 같이 문장의 밑줄 친 말을 알맞은 높임 표현으로 고쳐 써 보세요.

보기	삼촌은 키가 <u>크다</u>. ➡ (**크시다**)

⑴ 윤수는 어머니께 선물을 <u>줬다</u>. ➡ (   )

⑵ 오늘 혜연이네 부모님을 <u>만났다</u>. ➡ (   )

⑶ 아버지께서는 오늘 약속이 <u>계시다</u>. ➡ (   )

5 다음 문장의 높임 표현으로 알맞은 것을 고르세요.

⑴ 아버지, 어디에 가십니까?   ㉠ 주체 높임법 ㉡ 객체 높임법 ㉢ 상대 높임법

⑵ 할머니께서는 지금 주무세요.   ㉠ 주체 높임법 ㉡ 객체 높임법 ㉢ 상대 높임법

⑶ 선생님께 호되게 혼이 났다   ㉠ 주체 높임법 ㉡ 객체 높임법 ㉢ 상대 높임법

6 다음 중 높임 표현이 바르게 쓰인 문장을 모두 찾아 기호를 써 보세요.

㉠ 제가 아버지에게 전화를 할게요.
㉡ 할머니 댁은 강릉이에요.
㉢ 나는 몸이 편찮으시다.
㉣ 선생님께 여쭈어 볼 것이 있어요.
㉤ 할아버지, 안녕히 계세요.
㉥ 옆집 아주머니에게 떡을 줬어요.

(   )

6. 시간 표현

신비한 힘을 가진 책으로 과거, 현재, 미래의 모습을 들여다보니 정말 재미있네요. 과거, 현재, 미래에 모두 치킨을 먹다니 정말 치킨을 좋아하는 모양이에요. 나의 과거와 현재, 미래의 시간을 언제든지 볼 수 있는 책이 정말 있다면 얼마나 좋을까요?

굳이 말로 하지 않아도 시간은 우리와 아주 가까이 있어요. 한번 지나간 시간은 되돌릴 수도 없고 미래의 시간 또한 미리 당겨쓰거나 할 수 없죠. 하지만 위에서 본 것처럼 우리는 말로써 과거, 현재, 미래를 나타낼 수 있어요. 이렇게 시간을 과거, 현재, 미래로 구분하여 어떤 일이나 사건이 일어난 때를 나타내는 것을 **시간 표현**이라고 해요.

먼저, 과거의 일을 나타내는 시간 표현을 알아봐요. '과거'는 사건이 일어난 때가 말하는 때보다 앞선 시간 표현이에요.

예 ㉠ 재미있는 드라마를 보았다.
ㄴ 나는 이미 저녁을 먹었다.

이미 일어난 과거의 일을 나타내기 위해서는 ㉠의 '보았다'처럼 서술어에 '-았-/-었-', '-았었-/-었었-', '-더-', '-던' 등과 같은 어미를 붙여서 표현해요. 그리고 ㄴ의 '이미'처럼 과거를 나타내는 말을 함께 사용하기도 해요. '어제'나 '옛날' 등도 과거를 나타내 주는 말들이죠.

하영이는 어릴 때부터 춤을 잘 췄다.

다음은 현재를 나타내는 시간 표현이에요. '현재'는 사건이 일어난 때와 말하는 때가 같은 시간 표현이에요.

예 ㄷ 원영이는 책을 읽는다.
ㄹ 오늘은 별이 참 밝다.

현재를 나타낼 때는 서술어가 동사인지 형용사인지에 따라 표현 방법에 차이가 있어요. ㄷ과 같이 서술어가 동사일 때는 '-ㄴ/-는', '-ㄴ-/-는-' 등과 같은 어미를 붙여서 말해요. 하지만 서술어로 형용사가 쓰였을 때는 ㄹ처럼 형용사의 기본형이 그대로 쓰여요. 또한 시간을 나타내는 말을 함께 사용하기도 하는데, 현재를 나타내는 말에는 '지금', '오늘', '현재' 등이 있어요.

하영이는 지금도 춤을 잘 춘다.

마지막으로 미래를 나타내는 시간 표현을 살펴볼까요? '미래'는 사건이 일어난 때가 말하는 때보다 나중인 시간 표현이에요.

> 예 ㉤ 나는 여행을 떠나겠다.
>
> ㉥ 내일은 눈이 내릴 것이다.

아직 일어나지 않은 미래의 일을 표현하기 위해서는 ㉤의 '떠나겠다'처럼 서술어에 '-겠-'을 붙일 수도 있고, ㉥처럼 '-ㄹ/-을', '-ㄹ/을 것'을 붙여서 나타낼 수도 있죠. 또한 미래를 나타내는 말인 '내일', '모레' 등을 함께 써서 표현하기도 해요.

하영이는 나중에
걸그룹의 멤버가 될 것이다.

'-겠-'이나 '-ㄹ/을 것'은 '추측'이나 '의지'의 뜻을 나타내기도 해요.
(예) 이 일은 제가 꼭 하겠습니다.
나는 꿈을 꼭 이룰 것입니다.

시간은 비록 우리 눈에 보이지는 않지만 시간 표현을 써서 과거, 현재, 미래를 나타낼 수 있다는 것을 배웠어요. 시간 표현을 알맞게 사용하면 말하고 있는 내용이 언제 일어난 일인지 듣는 사람에게 더 잘 전달할 수 있어요. 오늘 배운 내용을 잘 정리해서 올바른 시간 표현을 사용해 봐요.

1 다음을 읽고 빈칸에 알맞은 말을 써 보세요.

> 어떤 일이나 사건이 일어난 때를 나타내는 것을 시간 표현이라고 한다. 이때 말하는 때를 기준으로 이미 일어난 일은 (㉠), 지금 일어나고 있는 일은 (㉡), 앞으로 일어날 일은 (㉢)라고 한다.

㉠ (   ) ㉡ (   ) ㉢ (   )

2 다음 문장의 시간 표현을 알맞게 구분하여 선으로 이으세요.

(1) 나는 어제 야구를 했다.   ·   · ㉠ 과거

(2) 내일부터 일찍 일어날 것이다. ·   · ㉡ 현재

(3) 민주는 지금 낮잠을 잔다.   ·   · ㉢ 미래

3 다음 문장에서 시간을 나타내는 말을 찾아 ○표 하세요.

(1) 우리 가족은 엊그제 바다로 놀러갔었다.

(2) 나는 훗날 어려운 사람을 돕는 사람이 될 것이다.

(3) 현재 바깥에는 많은 비가 내리고 있다.

4 문장의 시간 표현을 생각하며 빈칸에 알맞은 말을 써 보세요.

> 다음 주에 이곳에서 피아노 연주회가 (   ).

(   )

165

7. 부정 표현

급식 시간에 지윤이가 음식을 남겼네요. 그런데 선생님께서 어느 날은 편식은 좋지 않다고 지윤이를 타이르시고, 또 어느 날은 걱정을 하고 계시네요. 그 이유는 무엇일까요? 그것은 지윤이가 사용한 부정 표현의 차이 때문이에요. **부정 표현**이란 '안'이나 '못' 등 '그렇지 않음'을 나타내는 표현을 써서 문장 전체 또는 일부를 부정하는 표현을 말해요.

> 부정(否定)은 그렇지 않다고 판단하여 결정하거나 옳지 않다고 반대한다는 뜻이에요.

우리말의 부정 표현은 부정하는 말에 따라 크게 '안'을 사용한 부정 표현과 '못'을 사용한 부정 표현으로 나눌 수 있어요.

> **예** ㉠ 진주는 어제 운동을 <u>안</u> 했다. → '안'을 사용한 부정 표현
> ㉡ 진주는 어제 운동을 <u>못</u> 했다. → '못'을 사용한 부정 표현

㉠과 ㉡은 모두 운동을 하지 않았다는 뜻이지만 의미가 조금 달라요. ㉠은 '안'을 사용한 부정 표현으로, 단순한 부정 또는 문장의 주체인 주어의 의지에 의한 부정을 나타내요. 다시 말해, 능력은 되지만 '하기 싫다'는 느낌을 주는 것이지요.

한편, ㉠은 '못'을 사용한 부정 표현으로 문장의 주체인 주어의 능력 부족 또는 외부의 원인에 의한 불가능을 나타내요. 그래서 '못'을 사용하면 능력이 안 되어 '할 수 없다'는 느낌을 주죠. 이러한 부정 표현은 형태를 달리하여 나타낼 수도 있어요.

	짧은 부정문		긴 부정문
예 ㉢	은지는 등산을 <u>안 갔다.</u>	→	은지는 등산을 <u>가지 않았다.</u>
㉣	소정이는 잠을 <u>못 잤다.</u>	→	소정이는 잠을 <u>자지 못했다.</u>

위의 예문과 같이 '안' 부정문과 '못' 부정문은 각각 '-지 않다'와 '-지 못하다'를 사용하여 긴 부정문으로 만들 수 있어요.

> 형용사의 부정에는 대체로 짧은 '못' 부정문을 쓸 수 없어요. 어떤 것이 기대에 미치지 못해 아쉽다는 뜻을 나타낼 때는 긴 부정문으로만 표현해요.
> 예) 꽃이 안 예쁘다. (○) 꽃이 못 예쁘다. (×)

마지막으로, 명령문과 청유문의 부정 표현을 알아봐요. 명령문과 청유문의 부정에는 '말다'를 사용하는데, 반드시 긴 부정문으로만 표현돼요. 명령문은 '-지 마' 또는 '-지 마라' 등으로 표현하고, 청유문은 '-지 말자', '-지 맙시다' 등으로 표현하죠.

예 ㉤ 내일은 학교에 <u>오지 마.</u>
내일은 학교에 <u>오지 마라.</u> → 명령문의 부정

㉥ 친구와 <u>싸우지 말자.</u> → 청유문의 부정

친구들도 어떤 날은 공부를 '안' 하고 싶은 날도 있을 것이고, 또 어떤 날은 일이 생겨서 공부를 '못' 하게 되는 날도 있을 거예요. 그럴 때는 무리하지 않고 잠시 쉬어 가는 것도 좋아요. 하지만 하루 하루 꾸준한 노력이 중요하다는 사실 꼭 잊지 말도록 해요.

1 다음 내용 중 옳은 것에는 ○표, 옳지 않은 것에는 ×표 하세요.

(1) '안'이나 '무'을 사용하며 짧은 부정문을 만들 수 있다. ( )

(2) 주어의 의지에 의한 부정은 '못' 부정문으로 표현한다. ( )

(3) '안'이나 '못'을 사용해 모든 문장을 부정문으로 만들 수 있다. ( )

2 <보기>와 같이 문장에 어울리는 말을 찾아 ○표 하세요.

보기	현우는 밤새 게임을 하느라 잠을 (ⓐ안 / 못) 잤다.

(1) 바람이 너무 불어서 바깥에 (안 / 못) 나갔다.

(2) 예나는 채소를 싫어해서 양파를 먹지 (않았다 / 못했다).

(3) 숙제가 많아서 오늘은 (안 / 못) 만나. 내일 만나자.

(4) 알레르기 때문에 땅콩을 먹지 (않는 / 못하는) 사람은 손을 드세요.

3 다음 중 부정 표현이 쓰이지 않은 문장을 모두 찾아 기호를 써 보세요.

> ㉠ 배가 너무 부르니 그만 먹자.
> ㉡ 동생이 밥을 먹지 않겠다고 떼를 쓴다.
> ㉢ 아빠는 올해부터 담배를 끊으셨다.
> ㉣ 도서관에서는 큰 소리로 떠들지 마십시오.

( )

4 다음 문장에서 부정 표현을 사용한 이유로 알맞은 것을 찾아 선으로 이으세요

(1) 희정이는 다리를 다쳐서 수영을 못 한다.　·　　　·ㄱ 외부의 원인

(2) 가은이는 단것을 싫어해서 과자를 안 먹었다.　·　　　·ㄴ 자신의 의지

(3) 버스가 고장 나서 약속 시간을 못 지켰다.　·　　　·ㄷ 능력의 부족

5 <보기>와 같이 주어진 문장을 조건에 맞추어 부정문으로 고쳐 써 보세요.

보기	정우는 아침밥을 먹었다. ('-지 않다'를 사용할 것) ➡ **정우는 아침밥을 먹지 않았다.**

(1) 수호는 엄마의 심부름을 했다.　('못'을 사용할 것)

　➡ (　　　　　　　　　　　　　　　　　)

(2) 길가에 쓰레기를 함부로 버리자. ('-지 말다'를 사용할 것)

　➡ (　　　　　　　　　　　　　　　　　)

(3) 이곳에서 사진을 찍으면 됩니다. ('안'을 사용할 것)

　➡ (　　　　　　　　　　　　　　　　　)

(4) 나는 제시간에 약속 장소에 도착했다. ('-지 못하다'를 사용할 것)

　➡ (　　　　　　　　　　　　　　　　　)

(5) 올해 겨울은 작년보다 춥다. ('-지 않다'를 사용할 것)

　➡ (　　　　　　　　　　　　　　　　　)

8. 능동·피동 표현 / 주동·사동 표현

와! 경찰이 범인을 잡았어!

드디어 범인이 경찰에게 잡혔네.

경찰 아저씨께서 범인을 붙잡은 모습이 텔레비전에 나오고 있어요. 그런데 같은 장면을 보면서 두 친구가 조금씩 다르게 이야기를 하고 있네요. 한 친구는 경찰이 범인을 '잡았다'라고 했고, 다른 친구는 범인이 경찰에게 '잡혔다'라고 표현을 했어요. 두 가지 표현은 어떤 차이가 있을까요?

1. 능동 표현과 피동 표현

먼저, 여자 친구는 능동 표현을 써서 이야기하고 있어요. '능동'이란 어떠한 동작을 자기의 힘으로 하는 것을 뜻해요. 즉, **능동 표현**이란, 주어가 자신의 힘으로 동작을 하는 것을 나타내는 표현인 것이죠.

한편, 남자 친구는 주어가 남에 의해 동작을 하게 되는 것에 초점을 맞추고 있어요. 이러한 표현을 피동 표현이라고 해요. '피동'이란 어떠한 동작을 당하는 것을 말하는데, 주어가 다른 주체에 의해서 동작을 당하게 되는 것을 나타내는 표현을 **피동 표현**이라고 해요.

예 (능동 표현) 고양이가 쥐를 <u>쫓다</u>.

(피동 표현) 쥐가 고양이에게 <u>쫓기다</u>.

그렇다면 피동 표현은 어떻게 만들까요?

㉠ 아기가 엄마에게 <u>안기다</u>.	→ '-이-, -히-, -리-, -기-'를 붙임.
㉡ 4가 2로 <u>나누어지다</u>.	→ '-아/어지다'를 붙임.
㉢ 장난감이 <u>진열되다</u>.	→ '-되다'를 붙임.
㉣ 종이가 <u>누렇게 되다</u>.	→ '-게 되다'를 붙임.

첫 번째 방법은 동사의 어간에 '-이-, -히-, -리-, -기-'를 붙이는 것이에요. ㉠에서는 동사 '안다' 의 어간에 '-기-'를 붙여서 피동사 '안기다'를 만들었어요. '보이다', '잡히다', '물리다', '끊기다' 등도 이렇게 해서 만들어진 피동사예요.

두 번째는 동사의 어간에 '-아/어지다'를 붙이는 것이에요. ㉡의 '나누어지다'는 동사 '나누다' 의 어간 '나누'에 '-어지다'가 붙어서 '나누어지다'라는 피동사가 되었죠.

세 번째로 명사에 피동의 뜻을 더하는 '-되다'를 붙여서 피동사를 만들 수도 있어요. ㉢의 '진 열되다'는 '진열'이라는 명사에 '되다'가 붙어 '진열됨을 당하다'라는 뜻의 동사 '진열되다'가 되었죠.

마지막으로 ㉣처럼 동사의 어간에 '-게 되다'를 붙여서 만드는 방법도 있어요.

참고로 짝을 이루는 능동문과 피동문에서는 문장 성분의 위치와 역할이 서로 바뀐다는 것도 알아 두어요.

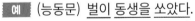 (능동문) 벌이 동생을 쏘았다.
　　　　　　주어　목적어　능동 서술어

　　　　　주어　　부사어　피동 서술어
(피동문) <u>동생이 벌에게 쏘이었다.</u>

2. 주동 표현과 사동 표현

동생이 신발을 <u>신다</u>.

형이 동생에게 신발을 <u>신기다</u>.

왼쪽 그림에서는 동생이 스스로 신발을 신고 있고, 오른쪽 그림에서는 형이 동생에게 신발을 신겨 주고 있네요. 왼쪽 그림의 동생처럼 <u>주어가 직접 행동하는 것을 나타내는 표현을 **주동 표현**</u>이라고 하고, 형이 동생에게 신발을 신기는 것처럼 <u>주어가 남에게 동작을 하도록 시키는 표현은 **사동 표현**</u>이라고 해요.

> ➞ '사동'은 '동작을 시키다'라는 뜻이에요.

이러한 사동 표현을 만드는 방법에는 여러 가지가 있어요.

㉠ 엄마가 아기에게 우유를 <u>먹이다</u>.	→ '-이-, -히-, -리-, -기-, -우-, -구-, -추-'를 붙임.
㉡ 노래로 사람들을 <u>감동시키다</u>.	→ '-시키다'를 붙임.
㉢ 동생에게 옷을 <u>입게 하다</u>.	→ '-게 하다'를 붙임.

먼저 동사의 어간에 '-이-, -히-, -리-, -기-, -우-, -구-, -추-'를 붙이는 거예요. ㉠은 동사 '먹다'의 어간에 '-이-'를 붙여서 사동사 '먹이다'를 만든 것이에요.

㉡처럼 명사에 '-시키다'를 붙여서 사동 표현을 만드는 방법도 있어요. '감동시키다', '성공시키다', '화해시키다' 등 '-시키다'를 이용해서 다양한 사동 표현을 만들 수 있죠.

마지막은 ㉢과 같이 동사의 어간에 '-게 하다'를 붙이는 방법이에요. 동사 '입다'의 어간 '입'에 '-게 하다'를 붙여서 사동의 뜻을 더해 준 것이죠.

사동 표현은 의미의 차이에 주의해서 사용해야 해요. 사동사를 만드는 접사 '-이-, -히-, -리-, -가-, -우-, -구-, -추-'를 이용한 사동문과 '-게 하다'를 이용한 사동문은 같은 사동문이지만 뜻에서 약간 차이가 있어요.

ㄹ **엄마가 아이에게 옷을 <u>입히다</u>.**   ㅁ **엄마가 아이에게 옷을 <u>입게 하다</u>.**

ㄹ은 사동사를 만드는 접사를 이용한 사동문이고, ㅁ은 '-게 하다'를 이용한 사동문이에요. 둘의 차이가 느껴지나요? ㄹ은 주어인 엄마가 직접 옷을 입혔다는 의미와 아이에게 행동을 하도록 시켰다는 두 가지 뜻을 모두 나타낼 수 있지만, ㅁ은 아이에게 행동을 하도록 시켰다는 의미만을 나타내요.

주동문이 사동문으로 바뀔 때에도 문장 성분의 변화가 일어나요.

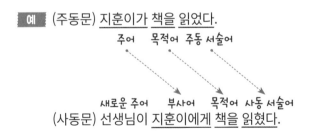

예 (주동문) 지훈이가 책을 읽었다.

주어   목적어 주동 서술어

새로운 주어   부사어   목적어   사동 서술어
(사동문) 선생님이 지훈이에게 책을 읽혔다.

우리말 문장 표현 중 '능동 표현과 피동 표현', '주동 표현과 사동 표현'에 대해 공부했어요. 새로운 말들이 많이 나왔으니 정리가 중요하겠죠? 먼저 큰 덩어리를 이해하고 예문을 통해 실제 쓰임을 살펴본다면 어려운 개념도 머릿속에 쏙쏙 들어올 거예요.

1 다음 내용 중 옳은 것에는 ○표, 옳지 않은 것에는 ×표 하세요.

(1) 주어가 다른 대상에 의해 동작이나 행동을 당하는 표현을 능동 표현이라고 한다. (   )

(2) 피동 표현을 만드는 접사는 '-이-, -히-, -리-, -기-, -우-, -구-, -추-'이다. (   )

(3) 사동 표현은 주어가 다른 사람에게 동작을 하도록 시키는 표현을 말한다. (   )

2 주어진 문장이 능동문이면 '능', 피동문이면 '피'라고 써 보세요.

(1) 언니가 물을 물통에 가득 담았다. (   )

(2) 세종대왕께서는 한글을 만드셨다. (   )

(3) 동생이 모기에게 물렸다. (   )

(4) 꽃밭이 기계에 의해 다듬어졌다. (   )

3 <보기>와 같이 밑줄 친 말을 조건에 맞추어 피동 표현으로 고쳐 써 보세요.

보기	함박눈이 지붕을 <u>덮었다</u>. (피동사를 만드는 접사를 사용할 것) ➧ 지붕이 함박눈으로 (**덮였다**).

(1) 연구원들이 이 알약을 <u>만들었다</u>. ('-어지다'를 사용할 것)

　➧ 이 알약은 연구원들에 의해 (   ).

(2) 지유가 신발끈을 <u>풀었다</u>. (피동사를 만드는 접사를 사용할 것)

　➧ 신발끈이 지유에게 (   ).

(3) 이 기계는 원심력으로 <u>작동한다</u>. ('-되다'를 사용할 것)

　➧ 이 기계는 원심력으로 (   ).

4 주어진 문장이 주동문이면 '주', 사동문이면 '사'라고 써 보세요.

(1) 은재가 약속 시간을 늦췄다. ( )

(2) 희연이가 물고기를 잡았다. ( )

(3) 예준이가 그 일을 맡았다. ( )

(4) 연우가 친구들에게 사실을 알렸다. ( )

5 다음 문장의 사동 표현을 만든 방법으로 알맞은 것을 찾아 선으로 이으세요.

(1) 아이들을 안전한 곳으로 대피시켰다. · · ㉠ 사동사를 만드는 접사를 붙인다.

(2) 피에로가 사람들을 놀라게 했다. · · ㉡ '-시키다'를 붙인다.

(3) 친구가 종이 비행기를 날렸다. · · ㉢ '-게 하다'를 붙인다.

6 <보기>와 같이 밑줄 친 말을 조건에 맞추어 피동 표현으로 고쳐 써 보세요.

보기	얼음이 <u>얼다</u>. (사동사를 만드는 접사를 사용할 것, 주어는 '엄마') ➜ (**엄마가**) 냉장고에 얼음을 (**얼리다**).

(1) 의자에 <u>앉다</u>. ('-게 하다'를 사용할 것, 주어는 '언니')
   ➜ ( ) 의자에 동생을 ( ).

(2) 시합에서 <u>탈락하다</u>. ('-시키다'를 사용할 것, 주어는 '심판')
   ➜ ( ) 시합에서 선수를 ( ).

(3) 당번을 <u>맡다</u>. (사동사를 만드는 접사를 사용할 것, 주어는 '선생님')
   ➜ ( ) 호영이에게 당번을 ( ).

개념콕콕

★ 문장

참고 ≫ 130~131 쪽

뜻	생각이나 감정을 말과 글로 표현할 때 완결된 내용을 나타내는 최소의 단위
특징	-완결된 의미를 나타내야 하며, 문장이 끝났다는 것을 알려 주는 표시(온점, 물음표, 느낌표)가 있어야 함. -문장은 문장을 구성하면서 일정한 역할을 하는 문장 성분으로 나눌 수 있음. -문장 성분 중 문장의 뼈대를 이루는 필수 성분을 주성분이라고 함. (주어, 서술어, 목적어, 보어)

★ 문장의 주성분 - 주어, 서술어, 목적어, 보어

 참고 ≫ 132~135 쪽

	뜻	특징
주어	문장에서 움직임이나 상태, 성질의 주체를 나타내는 문장 성분	-문장에서 '누가', '무엇이'에 해당함. -주어의 자격을 나타내는 조사에는 '이/가', '께서', '에서'가 있으며, 때에 따라 '은/는'도 붙을 수 있음. -반드시 조사가 붙는 것은 아니며, 조사가 생략되거나 주어가 생략되는 경우도 있음.
서술어	문장에서 주어의 움직임이나 상태, 성질을 풀이해 주는 문장 성분	-문장에서 '어찌하다', '어떠하다', '무엇이다'에 해당함. -보통 문장의 끝에 위치하지만 표현을 강조하고 싶을 때는 문장의 앞에 위치하기도 함. -말하는 사람과 듣는 사람이 서술어를 모두 알고 있다면 생략되기도 함. -어떤 서술어가 쓰였는지에 따라서 필요한 문장 성분이 달라지기도 함.

목적어	서술어가 나타내는 동작이나 행위의 목적(대상)이 되는 문장 성분	-문장에서 '누구를', '무엇을'에 해당함. -목적어의 자격을 나타내는 조사는 '을/를'임. -목적어의 자리는 일반적으로 서술어의 앞이지만, 강조의 의미로 문장의 맨 앞에 놓일 수 있음. -목적어가 꼭 필요하지 않은 경우도 있고, 목적이 되는 말이 분명할 때는 목적격 조사를 생략할 수도 있음.
보어	'되다', '아니다'라는 서술어 앞에서 뜻을 보충해 주는 문장 성분	-문장에서 '무엇이'에 해당함. -'되다', '아니다'가 서술어인 문장에서 보어를 빼면 완전한 문장이 되지 못함. -주어가 아니지만 주어처럼 조사 '이/가'가 붙음. -조사 '이/가' 외에 다른 보조사가 붙기도 하고, 조사가 생략되기도 함.

★ 문장의 부속 성분 – 관형어, 부사어

참고 138~140 쪽

	뜻	특징	형태
관형어	문장에서 체언을 꾸며 주는 문장 성분	문장에서 '어떤', '누구의(무엇의)'에 해당함.	① 관형사 ② 체언 + 조사 '의' ③ 용언의 어간 + 관형어를 만드는 어미('-ㄴ', '-는', '-던', '-ㄹ' 등)
부사어	문장에서 주로 용언을 꾸며 주는 문장 성분	-다른 부사어나 관형어, 문장 전체를 꾸미기도 하고 문장과 문장을 연결하기도 함. -문장에서 '어떻게', '얼마나', '어디서' 등에 해당함.	① 부사 ② 체언 + 조사 '에/에게', '와/과', '로/으로', '부터/까지' 등 ③ 용언의 어간 + '-게', '-도록', '-아서/-어서', '-이' 등

★ 문장의 독립 성분 – 독립어

 참고 141 쪽

	뜻	특징	형태
독립어	문장에서 다른 문장 성분들과 직접적인 관련을 맺지 않고 독립적으로 쓰이는 문장 성분	- 문장에서 부름, 대답, 감탄을 나타냄. - 독립어 뒤에는 보통 반점(,)이 쓰이고, 느낌을 강하게 나타낼 때는 느낌표(!)가 쓰임.	① 감탄사 ② 체언+조사 '아/야', '이여/여'

★ 홑문장과 겹문장

 참고 144 쪽

	뜻	예
홑문장	주어와 서술어의 관계가 한 번만 맺어지는 문장	<u>모자가</u> 바람에 <u>날아가네</u>! 　주어　　　　　서술어
겹문장	주어와 서술어의 관계가 두 번 이상 맺어지는 문장	<u>바람이</u> <u>불어서</u> <u>모자가</u> <u>날아갔어</u>! 　주어　서술어　주어　　서술어

★ 겹문장의 종류 – 안은문장과 이어진문장

 참고 145~147 쪽

① 안은문장: 홑문장이 다른 문장의 한 성분이 되어 만들어진 문장

· 안은문장: 홑문장을 포함하고 있는 문장

· 안긴문장: 다른 문장 속에 들어가 하나의 문장 성분으로 쓰이는 홑문장

① 명사절을 안은 문장	우리는 <u>방학이 오기</u>를 기다린다.
② 관형절을 안은 문장	이것은 <u>내가 좋아하던</u> 인형이다.

178

③ 부사절을 안은 문장	구름이 <u>흔적도 없이</u> 사라졌다.
④ 서술절을 안은 문장	나경이는 <u>눈이 예쁘다</u>.
⑤ 인용절을 안은 문장	은우가 <u>"엄마!" 하고</u> 소리쳤다.

② 이어진문장: 둘 이상의 홑문장이 이어져서 이루어진 문장

	뜻	특징
대등하게 이어진 문장	홑문장과 홑문장이 이어질 때 앞뒤 문장의 의미 관계가 대등한 문장 (예) 언니는 음악을 좋아하<u>고</u>, 나는 체육을 좋아한다.	-앞뒤 문장의 순서를 바꾸어도 의미에 큰 변화가 일어나지 않음. -앞뒤 문장의 서술어가 같을 때 중복되는 앞 문장의 서술어를 생략할 수 있음. (= 언니는 음악을, 나는 체육을 좋아한다.)
종속적으로 이어진 문장	홑문장과 홑문장이 이어질 때 의미 관계가 독립적이지 못한 문장 (예) 나는 기분이 좋아<u>서</u> 노래를 불렀다.	-앞뒤 문장의 순서를 바꾸면 의미가 통하지 않거나 달라지기도 함. -앞뒤 문장의 주어가 같을 때 하나만 남기고 나머지를 생략할 수 있음. -앞뒤 문장의 서술어가 같아도 중복되는 앞 문장의 서술어를 생략할 수 없음.

⭐ 종결 표현에 따른 문장의 종류

참고 >> 150~153 쪽

	뜻	특징
평서문	말하는 이가 듣는 이에게 하고 싶은 말을 단순하게 전달하는 문장	-'-다, -ㅂ니다, -아요/-어요, -아/-어, -네' 등의 종결 어미를 씀. (예) 도서관에 갔<u>다</u>.

의문문	말하는 이가 듣는 이에게 질문하여 대답을 요구하는 문장	-'-니, -ㅂ니까, -아요/-어요, -아/-어, -냐' 등의 종결 어미를 씀. (예) 지금 몇 시니?
명령문	말하는 이가 듣는 이에게 무엇을 시키거나 행동을 요구하는 문장	-'-아라/-어라, -게, -십시오, -세요, -아/-어' 등의 종결 어미를 씀. (예) 골고루 먹어라. -간접으로 명령할 때는 종결 어미 '-으라'를 씀.
청유문	말하는 이가 듣는 이에게 어떤 행동을 함께 하도록 요청하거나 제안하는 문장	-'-자, -세, -ㅂ시다' 등의 종결 어미를 씀. (예) 집에 같이 가자.
감탄문	말하는 이가 듣는 이를 별로 의식하지 않은 상태에서 혼잣말처럼 자기의 느낌을 표현하는 문장	-'-구나, -군, -군요, -구려, -아라/-어라' 등의 종결 어미를 씀. (예) 정말 키가 크구나!

★ 높임 표현

참고 ⟩⟩ 156~159 쪽

	뜻	특징
주체 높임법	서술어의 주체에 해당하는 문장의 주어를 높이는 표현 방법	-문장의 주어에 조사 '께서'를 넣고, 서술어에 높임의 뜻을 나타내는 '-시-'를 넣어서 표현함. (예) 아버지께서 책을 읽으신다. -주체와 밀접한 관계가 있는 대상을 나타내는 서술어에 '-시-'를 넣어서 주체를 간접적으로 높이기도 함. (간접 높임) (예) 할머니는 눈이 밝으시다. -'연세', '드시다' 등 특수한 단어를 사용하여 문장의 주어를 높이기도 함. (예) 할머니께서 진지를 잡수신다.

객체 높임법	문장의 목적어나 부사어가 가리키는 대상을 높이는 표현 방법 ＊객체: 동작의 행위가 미치는 대상	-'드리다', '모시다', '여쭙다'와 같은 특수한 단어나, 부사를 만드는 조사인 '에게'의 높임 표현인 '께'가 사용됨. (예) 이번 주말에 할아버지를 뵈러 가자. (목적어인 할아버지를 높임)
상대 높임법	말하는 사람이 듣는 이에 따라 말을 높이거나 낮추는 표현 방법	-종결 어미(문장의 끝맺음 표현)를 사용해서 높이고 낮추는 정도를 조절함. -'-ㅂ시오, -오, -요, -게, -어라, -어' 등 (예) 여기 앉으십시오.

★ 시간 표현

참고 >> 162~164 쪽

	뜻	특징
과거	사건이 일어난 때가 말하는 때보다 앞선 시간 표현	-서술어에 '-았-/-었-', '-았었-/-었었-', '-더-', '-던' 등과 같은 어미를 붙여서 표현함. -'이미', '어제', '옛날' 등 시간을 나타내는 말을 사용하기도 함. (예) 나는 이미 저녁을 먹었다.
현재	사건이 일어난 때와 말하는 때가 같은 시간 표현	-서술어가 동사일 때 '-ㄴ/-는', '-ㄴ-/-는-' 등과 같은 어미를 붙여서 표현함. -서술어가 형용사일 때는 기본형이 그대로 쓰임. -'지금', '오늘', '현재' 등 시간을 나타내는 말을 사용하기도 함. (예) 원영이는 지금 책을 읽는다.
미래	사건이 일어난 때가 말하는 때보다 나중인 시간 표현	-서술어에 '-겠-', '-ㄹ/-을', '-ㄹ/을 것' 등과 같은 어미를 붙여서 표현함. -'내일', '모레' 등 시간을 나타내는 말을 사용하기도 함. (예) 내일은 눈이 내릴 것이다.

개념콕콕

⭐ 부정 표현

 참고 ≫ 166~167 쪽

(1) '안' 부정문과 '못' 부정문

'안' 부정문	-단순한 부정이나 문장의 주체인 주어의 의지에 의한 부정을 나타냄.
	-'안'을 사용한 짧은 부정문과 '-지 않다'를 사용한 긴 부정문이 있음.
	(예) · 진주는 어제 운동을 <u>안 했다.</u> (짧은 부정문)
	· 진주는 어제 운동을 <u>하지 않았다.</u> (긴 부정문)
'못' 부정문	-문장의 주체인 주어의 능력 부족 또는 외부의 원인에 의한 불가능을 나타냄.
	-'못'을 사용한 짧은 부정문과 '-지 못하다'를 사용한 긴 부정문이 있음.
	(예) · 소정이는 잠을 <u>못 잤다.</u> (짧은 부정문)
	· 소정이는 잠을 <u>자지 못했다.</u> (긴 부정문)

(2) 명령문과 청유문의 부정문

명령문	-'말다'를 사용하여 긴 부정문으로만 표현됨.
	-'-지 마' 또는 '-지 마라' 등으로 표현함.
	(예) 내일은 학교에 <u>오지 마.</u>
청유문	-'말다'를 사용하여 긴 부정문으로만 표현됨.
	-'-지 말자' 또는 '-지 맙시다' 등으로 표현함.
	(예) 친구와 <u>싸우지 말자.</u>

★ 능동 표현과 피동 표현

참고 >> 170~171 쪽

	뜻	예
능동 표현	주어가 자신의 힘으로 동작을 하는 것을 나타내는 표현	고양이가 쥐를 쫓다.
피동 표현	주어가 다른 주체에 의해서 동작을 당하게 되는 것을 나타내는 표현	쥐가 고양이에게 쫓기다.

★ 피동 표현 만드는 법

동사의 어간에 '-이-', '-히-', '-리-', '-기-'를 붙임.	아기가 엄마에게 안기다.
동사의 어간에 '-아/어지다'를 붙임.	4가 2로 나누어지다.
명사에 피동의 뜻을 더하는 '-되다'를 붙임.	장난감이 진열되다.
동사의 어간에 '-게 되다'를 붙임.	종이가 누렇게 되다.

★ 주동 표현과 사동 표현

참고 >> 172~173 쪽

	뜻	예
주동 표현	주어가 직접 행동하는 것을 나타내는 표현	동생이 신발을 신다.
사동 표현	주어가 남에게 동작을 하도록 시키는 표현	형이 동생에게 신발을 신기다.

★ 사동 표현 만드는 법

동사의 어간에 '-이-', '-히-', '-리-', '-기-', '-우-', '-구-', '-추-'를 붙임.	엄마가 아기에게 우유를 먹이다.
명사에 '-시키다'를 붙임.	노래로 사람들을 감동시키다.
동사의 어간에 '-게 하다'를 붙임.	동생에게 옷을 입게 하다.

 이해쏙쏙

1 다음 중 문장의 주성분에 대한 설명으로 알맞지 않은 것을 고르세요.

① 문장의 주성문에는 주어와 목적이기 포함된다.

② 문장을 쓸 때는 되도록 주성분을 빼고 쓰는 것이 좋다.

③ 서술어는 보통 문장의 끝에 놓이지만 문장 앞에 놓이기도 한다.

④ 목적어에는 특별한 뜻을 더해 주는 조사가 붙는 경우도 있다.

⑤ '되다', '아니다'를 보충하는 문장 성분도 주성분에 포함된다.

2 다음 문장의 주성분을 바르게 파악한 것을 고르세요.

①친구가	②정말	③맛있는	④떡볶이를	⑤만들었다.
목적어	주어	서술어	목적어	보어

3 다음 중 관형어가 쓰이지 않은 문장을 찾아 기호를 써 보세요.

㉠ 빨간 장미가 피었다.	㉡ 좁다란 골목길을 걸었다.
㉢ 실을 바늘에 꿰었다.	㉣ 나의 보물은 부모님이다.

(   )

4 다음 중 밑줄 친 말의 문장 성분을 바르게 파악한 것을 두 개 고르세요.

① 해가 높이 떴다. – 부사어

② 오리가 뒤뚱뒤뚱 걷는다. – 관형어

③ 으악! 깜짝 놀랐네. – 관형어

④ 시원한 음료수라도 드세요. – 부사어

⑤ 뭐, 할 수 없지. 다음에 가자. – 독립어

5 다음 중 이어진문장이 아닌 것을 고르세요.

① 밥을 먹으려고 식당에 갔다.

② 공책은 있지만 연필은 없다.

③ 이것은 언니가 입던 옷이다.

④ 해윤이는 키가 커서 농구부가 되었다.

⑤ 네가 파티에 온다면 정말 기쁠 거야.

184

6 다음 문장의 종류로 알맞은 것을 고르세요.

> 건강을 위해 운동을 하십시오.

① 평서문　　② 의문문　　③ 명령문　　④ 청유문　　⑤ 감탄문

7 다음 대화의 밑줄 친 부분을 올바른 높임 표현으로 고쳐 써 보세요.

> 수영: 엄마, 내일 할머니, 할아버지를 ㉠만나러 가요.
> 엄마: 두 분께서는 여행을 ㉡갔어. 다음 주에 돌아오시면 그때 가자.

㉠ (　　　　　　　) ㉡ (　　　　　　　)

8 다음 문장의 빈칸에 들어갈 말로 알맞은 것을 고르세요.

> 지선이는 지난 생일에 선물로 곰인형을 (　　　　　　　).

① 받았다　　② 받다　　③ 받는다　　④ 받겠다　　⑤ 받을 것이다

9 다음 문장이 긴 부정문이 되도록 밑줄 친 말을 고쳐 써 보세요.

> 재준이는 친구와의 <u>약속을 못 지켰다</u>.　　(　　　　　　　)

10 다음 문장의 밑줄 친 부분을 바르게 고쳐 쓴 것을 고르세요.

> 채원이는 학교를 대표하는 선수로 <u>뽑았다</u>.

① 뽑다　　② 뽑혔다　　③ 뽑게 됐다　　④ 뽑게 했다　　⑤ 뽑게 만들었다

바른 맞춤법 사용으로
우리말을 지켜요

친구들은 '맞춤법'이라는 단어를 들으면 어떤 생각이 드나요? 혹시 맞춤법은 너무 딱딱하고 어렵다는 생각을 하고 있지는 않은가요? 맞춤법이 중요하다는 것은 알지만 어느 것이 올바른 맞춤법인지 헷갈리기도 하고, 또 맞춤법을 지키지 않더라도 말이 통하니 맞춤법을 꼭 지키지 않아도 된다는 생각이 들기도 할 거예요.

그런데 왜 어른들은 맞춤법의 중요성을 강조하시는 걸까요? 그 이유는 맞춤법이 우리말을 글자로 적을 때 지켜야 하는 약속이기 때문이에요. 우리가 쉽게 글을 읽고 의미를 잘 이해할 수 있도록 규칙을 정해 놓은 것이죠. 하지만 안타깝게도 요즘에는 책보다는 스마트폰만 보는 시간이 늘면서 맞춤법을 틀리는 일이 많아지고 있어요.

우리의 말과 글은 공기만큼이나 소중한 존재인데 너무 가까이 있다 보니 가끔은 그 소중함을 잊곤 해요. 공기가 더러워지면 숨을 쉬기 어려운 것처럼 잘못된 맞춤법을 계속 쓰다 보면 우리말도 점점 어지러워지고 말 거예요. 하지만 우리 친구들이 올바른 맞춤법을 사용하면서 말과 글을 갈고 닦는다면 우리말이 더욱 빛나게 될 거예요.

자주 틀리는 맞춤법을 보면서 실수를 바로잡고, 우리말 지킴이로 거듭나 봐요.

낫다 / 낳다	'낫다'는 '보다 더 좋거나 앞서 있다' 또는 '병이나 상처 등이 고쳐져 원래대로 되다'라는 뜻이에요. 한편 '낳다'는 '배 속의 아이, 새끼, 알을 몸 밖으로 내놓다'라는 뜻이므로 구별해서 써야 해요. **예** 감기가 다 나았어.　　돼지가 새끼를 낳았어.
다르다 / 틀리다	'다르다'는 서로 같지 않다는 뜻이고, '틀리다'는 셈이나 사실이 그르거나 어긋난다는 뜻이에요. **예** 친구와 나는 성격이 달라.　　2번 문제를 틀렸어.
-던 / -든	'-던'은 과거에 있었던 일을 나타낼 때 쓰는 말이고, '-든'은 어느 것을 골라도 차이가 없는 둘 이상의 일을 나란히 쓸 때 사용해요. **예** 어릴 때 갖고 놀던 구슬　　밥을 먹든지 빵을 먹든지 해.
되 / 돼	'되'와 '돼'를 혼동하는 일이 많아요. 기본형은 '되다'이고, '돼'는 '되어'의 준말이에요. '되'에 '-어서', '-어라', '-었다' 같은 말이 붙을 때에 '돼서', '돼라', '됐다' 등으로 줄어든다는 것을 기억하세요. **예** 겨울이 되다.　　겨울이 되었다.　　겨울이 됐다.
며칠 / 몇일	'며칠'이라는 말은 있지만 '몇일'이라는 말은 없어요. 며칠을 '몇 일'과 같이 쓰는 경우도 있는데 이것 또한 틀린 말이에요. **예** 오늘이 며칠이야? (○)　　오늘이 몇일이야? (×)
-이에요 / -예요	'-이에요'는 '-이다'에 '-에요'가 붙은 말이고, '-예요'는 '-이에요'가 줄어든 말이에요. 앞말에 받침이 있으면 '-이에요'로, 받침이 없으면 '-예요'를 써요.　**예** 무슨 일이에요?　　이거 얼마예요?
-ㄹ게 / -ㄹ께	"내일 다시 연락할게."처럼 '-ㄹ게'로 써야 할 때 '-ㄹ께'로 쓰는 경우가 많아요. 의문을 나타내는 '-ㄹ까', '-ㄹ꼬' 등을 제외하면 예사소리로 적어야 해요. **예** 조금만 더 먹을게. (○)　　조금만 더 먹을께. (×) 　　　너는 잘 할 거야. (○)　　너는 잘 할 꺼야. (×)

제1장 음운

1. 음운과 음절 / 자음과 모음   18쪽

1. (1) ✕ (2) ○ (3) ✕
2. ㉠ 자음 ㉡ 모음
3. (1) ㄷ, ㅌ (2) ㅏ, ㅗ
4. (1) ㄱ, ㅘ, ㅈ, ㅏ (2) ㅊ, ㅏ, ㅁ, ㅇ, ㅚ
   (3) ㅂ, ㅕ, ㄹ, ㅂ, ㅣ, ㅊ
5. (1) ㄸ, ㅆ (2) ㅊ, ㅌ, ㅍ
6. (1) ㅁ, ㅂ, ㅃ, ㅍ (2) ㄴ, ㄹ, ㅁ, ㅇ
7. ㉠, ㉢, ㉣
8. (1) ㅟ, ㅜ, ㅚ, ㅗ
   (2) ㅣ, ㅔ, ㅑ, ㅓ, ㅡ, ㅐ

1. (1) 음운은 말의 뜻을 구별해 주는 소리의 가장 작은 단위예요. (3) 음절을 만들기 위해서 필요한 것은 모음이에요. 참고 12쪽, 14쪽

2. 자음은 소리를 낼 때 혀나 입술의 방해를 받지만, 모음은 소리를 낼 때 방해를 받지 않아요.
   참고 15, 16쪽

3. (1) '달'과 '탈'은 자음인 'ㄷ'과 'ㅌ'의 차이로 뜻이 구별돼요. (2) '낳다'와 '놓다'는 모음인 'ㅏ'와 'ㅗ'의 차이로 뜻이 구별돼요. 참고 13쪽

4. 음운은 말의 뜻을 구별해 주는 소리의 가장 작은 단위로 보통 자음과 모음을 가리켜요. 참고 12쪽

5. 된소리는 ㄲ, ㄸ, ㅃ, ㅆ, ㅉ, 거센소리는 ㅋ, ㅌ, ㅍ, ㅊ이에요. 참고 16쪽

6. 입술소리는 ㅁ, ㅂ, ㅃ, ㅍ, 울림소리는 ㄴ, ㄹ, ㅁ, ㅇ이에요. 참고 15쪽

7. 단모음은 혀의 최고점이 앞에 있는지 뒤에 있는지에 따라 전설 모음과 후설 모음으로 나뉘어요. 그리고 입술 모양에 따라 원순 모음과 평순 모음으로 나뉘고, 혀의 높낮이에 따라서는 고모음, 중모음, 저모음으로 나뉘어요. 참고 16, 17쪽

8. (1) 입술이 동그랗게 되는 원순 모음은 ㅟ, ㅚ, ㅜ, ㅗ예요. (2) 입술이 평평하게 되는 평순 모음은 ㅣ, ㅔ, ㅐ, ㅡ, ㅓ, ㅏ예요. 참고 17쪽

2. 음절의 끝소리 규칙   23쪽

1. (1) ✕ (2) ✕ (3) ○
2. ㄱ, ㄴ, ㄷ, ㄹ, ㅁ, ㅂ, ㅇ
3. (1) ㄱ (2) ㄷ
4. (1) ㉠ (2) ㉡
5. (1) [바깥] (2) [온깜] (3) [부억]
   (4) [짤따]

1. (1) 겹받침의 발음은 앞의 자음으로 나는 것과, 뒤의 자음으로 나는 것, 상황에 따라 다르게 소리 나는 것으로 나뉘어요. (2) 음절 끝에서 소리 나는 자음을 정한 것은 발음을 편하게 하기 위해서예요.
   참고 21, 22쪽

2. 음절의 끝소리에 올 수 있는 자음은 ㄱ, ㄴ, ㄷ, ㄹ, ㅁ, ㅂ, ㅇ의 7개예요. 참고 20쪽

3. ㄱ과 ㅈ은 음절의 끝에 올 때 각각 [ㄱ]과 [ㄷ]으로 소리 나요. 참고 21쪽

4. (1) ㅊ은 음절의 끝에서 [ㄷ]으로 소리나고, ㄻ은 뒤의 자음인 [ㅁ]으로 소리 나요. 참고 21, 22쪽

5. (1) ㅌ은 음절의 끝에서 [ㄷ]으로, (2) ㅅ은 음절의 끝에서 [ㄷ]으로, (3) ㅋ은 음절의 끝에서 [ㄱ]으로, (4) 겹받침 ㄿ은 주로 [ㄹ]로 소리 나요. 참고 21, 22쪽

3. 자음 동화   26쪽

> 1. 자음 동화
> 2. (1) ○   (2) ○   (3) ×   (4) ×
> 3. (1) 닫는다[단는다] (ㄷ) + (ㄴ) → (ㄴ)
>   (2) 침략[침냑] (ㅁ) + (ㄹ) → (ㅁ) + (ㄴ)
> 4. (1) ㉡   (2) ㉡
> 5. (1) ×   (2) ○
> 6. (1) 비   (2) 같   (3) 같   (4) 비
> 7. (1) [종노]   (2) [금뉴]

1. 빈칸의 정답을 확인하면서 자음 동화의 개념을 다시 한번 정리해 보세요. 참고 24쪽

2. 협력의 바른 발음은 [혐녁]이고, 밥물의 바른 발음은 [밤물]이에요. 참고 25쪽

3. (1) 앞 음절의 끝소리 ㄷ이 뒤 음절의 첫소리 ㄴ을 만나면 [ㄴ]으로 소리 나요. (2) 앞 음절의 끝소리 ㅁ이 뒤 음절의 첫소리 ㄹ을 만나면 각각 [ㅁ]과 [ㄴ]으로 소리 나요. 참고 25쪽

4. (1) '앞날'은 음절의 끝소리 규칙에 따라 먼저 '압날'이 된 후 자음 동화 현상으로 [암날]로 발음돼요. (2) '독립'은 앞 음절의 끝소리 ㄱ과 뒤 음절의 첫소리 ㄹ이 만나 각각 [ㅇ]과 [ㄴ]으로 소리가 바뀌어 [동닙]으로 발음돼요. 참고 25쪽

5. 자음 동화는 자음이 바뀌는 방향에 따라 앞의 자음이 바뀌는 경우, 뒤의 자음이 바뀌는 경우, 앞뒤의 두 자음이 모두 바뀌는 경우가 있어요. 참고 25쪽

6. (1) ㄱ과 ㄹ이 비슷한 소리인 [ㅇ]과 [ㄴ]으로 바뀌었어요. (2) 앞 음절의 끝소리 ㄴ이 뒤 음절의 첫소리 ㄹ과 같은 소리로 바뀌었어요. (3) 뒤 음절의 첫소리 ㄴ이 앞 음절의 끝소리 ㄹ과 같은 소리로 바뀌었어요. (4) 앞 음절의 끝소리 ㄱ이 뒤 음절의 첫소리 ㅁ과 비슷한 소리인 [ㅇ]으로 바뀌었어요. 참고 25쪽

7. (1) 앞 음절의 끝소리 ㅇ이 뒤 음절의 첫소리 ㄹ과 만나면 뒤 음절의 첫소리가 [ㄴ]으로 바뀌어요. (2) 앞 음절의 끝소리 ㅂ이 뒤 음절의 첫소리 ㄹ과 만나면 각각 [ㅁ]과 [ㄴ]으로 소리 나요. 참고 25쪽

4. 구개음화   30쪽

> 1. (1) ○   (2) ×
> 2. ㉠ ㄷ   ㉡ ㅌ   ㉢ ㅣ
> 3. (1) ㉡   (2) ㉠
> 4. (1) [가을거지]   (2) [가치]
> 5. (1) 묻히며, [무치며]
>   (2) 샅샅이, [삳싸치]
> 6. (1) ○   (2) ×   (3) ×   (4) ○
> 7. (1) ㉡   (2) ㉠

1. 구개음화는 발음을 좀 더 쉽게 하기 위해 일어나는 현상으로, 글로 쓸 때에는 원래 표기대로 적어야 해요. 참고 29쪽

2. 빈칸의 정답을 확인하면서 구개음화의 개념을 다

시 한번 정리해 보세요. [참고] 28쪽

3. (1) 앞 음절의 끝소리 ㄷ이 모음 'ㅣ'를 만나서 [ㅈ]으로 소리가 바뀌어요. (2) 앞 음절의 끝소리 ㄷ이 ㅎ과 만나 먼저 [ㅌ]으로 바뀌고 뒤에 오는 모음 'ㅣ'를 만나 [ㅊ]으로 소리가 바뀌어요. [참고] 29쪽

4. 가을걷이는 [가을거지], 같이는 [가치]가 바른 발음이에요. [참고] 29쪽

5. (1) '묻히며'는 [무티며 → 무치며]로 발음되고, (2) 샅샅이는 [삳싸티 → 삳싸치]로 발음돼요. [참고] 29쪽

6. 혼자서 쓰일 수 있는 한 단어에서는 구개음화가 일어나지 않아요. [참고] 29쪽

7. (1) '낱낱이'는 [낟나티 → 난나치]로 발음되고, (2) '굳히고'는 [구티고 → 구치고]로 발음돼요. [참고] 29쪽

5. 모음 조화 / 모음 동화   34쪽

1. (1) 양성   (2) 모음 동화
2. (1) ㉡   (2) ㉠
3. (1) 지팡이   (2) 먹여   (3) 고기
4. (1) 막았다   (2) 소곤소곤   (3) 담았다
5. (1) ㉠   (2) ㉠   (3) ㉡   (4) ㉡

1. 빈칸의 정답을 확인하면서 모음 조화의 개념을 다시 한번 정리해 보세요. [참고] 32쪽

2. 'ㅏ, ㅗ, ㅐ'는 양성 모음이고 'ㅓ, ㅜ, ㅡ'는 음성 모음이에요. [참고] 33쪽

3. 모음 동화는 일부 단어를 빼고는 표준어나 표준 발음으로 인정되지 않아요. '지팽이'는 '지팡이', '멕이다'는 '먹이다', '괴기'는 '고기'가 표준어예요. [참고] 33쪽

4. 양성 모음은 양성 모음끼리, 음성 모음은 음성 모음끼리 어울려요. [참고] 32쪽

5. '깡충깡충', '검고', '보슬보슬', '산들산들'은 모음 조화가 지켜지지 않은 말이에요. [참고] 33쪽

6. 음운의 축약 / 음운의 탈락   38쪽

1. (1) ㅋ, ㅊ   (2) ㅕ, ㅢ
2. ㉠, ㉢, ㉣
3. (1) ㉡   (2) ㉢   (3) ㉠   (4) ㉣
4. (1) 쐬러   (2) 띈다
5. (1) (ㅡ) 탈락   (2) (ㄹ) 탈락
   (3) (ㅜ) 탈락   (4) (ㄹ) 탈락
6. (1) ㉠   (2) ㉡   (3) ㉡   (4) ㉠

1. (1) 자음 축약은 'ㄱ, ㄷ, ㅂ, ㅈ'이 앞 또는 뒤에서 'ㅎ'과 만나 각각 [ㅋ, ㅌ, ㅍ, ㅊ]으로 줄어드는 현상을 말해요. (2) 모음 축약은 두 개의 모음이 하나의 모음으로 줄어드는 현상이에요. [참고] 36, 37쪽

2. '백합'은 '백'의 'ㄱ'과 '합'의 'ㅎ', 입학은 '입'의 'ㅂ'과 '학'의 'ㅎ', '맏형'은 '맏'의 'ㄷ'과 '형'의 'ㅎ'이 만나 자음 축약이 일어나요. [참고] 36쪽

3. (1) '쏘여서'는 '쏘이어'의 모음 'ㅣ'와 'ㅓ'가 하나의 모음 'ㅕ'로 축약된 것이에요. (2) '그어'는 '긋- + -어'에서 'ㅅ'이 탈락한 것이에요. (3) '싫다'는 '싫'의 받침 중

'ㅎ'과 '다'의 'ㄷ'이 만나서 자음 축약 현상이 일어나 [실타]로 발음돼요. (4) '꺼'는 '끄- + -어'에서 모음 'ㅡ'가 탈락한 것이에요. 참고 36, 37쪽

4. (1) '쇠러'는 '쏘이'의 모음 'ㅗ'와 'ㅣ'가 하나의 모음 'ㅚ'로 축약된 것이에요. (2) '띈다'는 '뜨인'의 모음 'ㅡ'와 'ㅣ'가 하나의 모음 'ㅢ'로 축약된 것이에요. 참고 37쪽

5. '커요'는 모음 'ㅡ', '따님'은 자음 'ㄹ', '퍼요'는 모음 'ㅜ', '바느질'은 자음 'ㄹ'이 탈락한 것으로 이러한 현상을 '음운의 탈락 현상'이라고 해요. 참고 37쪽

6. (1) '담그- + -아'에서 모음 'ㅡ'가 탈락해 '담가'가 됐어요. (2) '울- + -는'에서 자음 'ㄹ'이 탈락해 '우는'이 됐어요. (3) '달 + 달 + -이'가 합쳐지면서 첫 번째 '달'의 받침 'ㄹ'이 탈락했어요. (4) '끄- + -었- + -다'에서 '끄-'와 '-었-'이 합쳐지면서 모음 'ㅡ'가 탈락해 '껐다'가 됐어요. 참고 37쪽

7. 사잇소리 현상   42쪽

> 1. (1) × (2) × (3) ○
> 2. 된소리
> 3. (1) ㄴ (2) ㄱ (3) ㄴ
> 4. ㄱ, ㄴ, ㅁ
> 5. (1) [아랜니] (2) [콘날] (3) [논뚝]
> 6. (1) 나룻배 (2) 반딧불 (3) 노랫말
>   (4) 나뭇가지
> 7. (1) 콩잎 (2) 신바람

1. 사잇소리 현상은 같은 조건일지라도 일어날 때와 일어나지 않는 때가 있으며, 사잇소리 현상이 일

어난다고 해서 모두 사이시옷을 적는 것은 아니에요. 참고 41쪽

2. 빈칸의 정답을 확인하면서 사잇소리 현상의 개념을 다시 한번 정리해 보세요. 참고 40쪽

3. 나뭇잎은 [나문닙], 말소리는 [말쏘리], 밤이슬은 [밤니슬]로 발음돼요. 참고 40, 41쪽

4. 사잇소리 현상이 일어나는 단어는 봄비[봄삐], 솜이불[솜니불], 물동이[물똥이]예요. 참고 40, 41쪽

5. 아랫니는 [아랜니], 콧날은 [콘날], 논둑은 [논뚝]으로 발음돼요. 참고 40, 41쪽

6. 합성어에서 앞말이 모음으로 끝나는 경우에 그 모음의 받침에 사이시옷을 적어요. 나룻배[나룯빼], 반딧불[반딛뿔], 노랫말[노랜말], 나뭇가지[나묻까지] 참고 40, 41쪽

7. 콩잎은 [콩닙], 신바람은 [신빠람]으로 사잇소리 현상이 일어나요. 참고 40, 41쪽

이해 쏙쏙   50쪽

> 1. (1) 음운: 5개, 음절: 2개
>   (2) 음운: 6개, 음절: 2개
> 2. ②   3. ③   4. ①
> 5. ①   6. ④   7. ⑤
> 8. ①   9. 나아   10. ③

1. 음운은 자음과 모음의 개수와 같고, 음절은 모음의 개수와 같아요. 참고 14쪽

2. 센입천장소리인 'ㅈ, ㅉ, ㅊ'이 쓰인 단어를 찾아 보

정답과 해설

세요. 참고 15쪽

3. 단모음은 발음할 때 입술이나 혀가 고정되어 움직이지 않는 모음으로, 'ㅏ, ㅐ, ㅓ, ㅔ, ㅗ, ㅚ, ㅜ, ㅟ, ㅡ, ㅣ'가 해당돼요. 참고 16쪽

4. 음절의 끝소리는 'ㄱ, ㄴ, ㄷ, ㄹ, ㅁ, ㅂ, ㅇ'의 7개의 대표음으로 발음돼요. 따라서 ②~⑤의 단어는 [바깓], [풀숩], [부억], [읍따]로 발음해야 해요. 참고 21쪽

5. ②는 'ㄱ'이 'ㅁ'을 만나 [이]으로 소리나는 것이고, ③은 음절의 끝소리 규칙에 따라 'ㅌ'이 'ㄷ'으로 바뀐 뒤 'ㄴ'을 만나 [ㄴ]으로 소리 나는 것이에요. ④는 'ㄴ'이 'ㄹ'을 만나 [ㄹ]로 소리 나는 것이고, ⑤는 'ㅇ'과 'ㄹ'이 만나 뒤의 'ㄹ' 소리가 [ㄴ]으로 소리 나는 것이에요. 참고 25쪽

6. 낱낱이는 [난나치], 미닫이는 [미다지], 디디다는 [디디다], 샅샅이는 [산싸치]가 바른 발음이에요. 참고 29쪽

7. ⑤는 양성 모음과 음성 모음이 함께 쓰인 단어예요. ①, ③은 양성 모음끼리 ②, ④는 음성 모음끼리 어울렸어요. 참고 33쪽

8. ①은 'ㅂ + ㅎ → ㅍ'의 자음 축약 현상이 일어나 [자피다]로 발음해요. ②는 사잇소리 현상(얼굴빛[얼굴삗]), ③, ④, ⑤는 음운 탈락(아들 + 님 → 아드님, 솔 + 나무 → 소나무, 낳았다[나앋따])이 일어난 단어예요. 참고 36, 37쪽

9. '나아'는 '낫- + -아'에서 자음 'ㅅ'이 탈락한 것이에요. 참고 37쪽

10. ①, ②, ④, ⑤는 합성어에서 앞말이 모음으로 끝

났기 때문에 모음의 받침에 사이시옷을 적지만 '집일'은 앞말이 자음으로 끝나기 때문에 사이시옷을 적지 않아도 돼요. 참고 40, 41쪽

제2장 단어

1. 단어의 의미 58쪽

1. 형태소
2. (1) × (2) ○ (3) ○
3. (1) 5개 (2) 6개
4. (1) ○ (2) × (3) ○ (4) ×
5. (1) 파랗- + -다 (2) 발 + 바닥
   (3) 다리 + × (4) 지우- + -개
6. (1) 가방, 딸기, 그릇, 가을
   (2) 헛-, 풋-, -꾼
7. (1) 하늘 / 이 / 매우 / 높- / -고 / 푸르- / -다
   (2) 마당 / 에 / 꽃 / 과 / 나무 / 가 / 참 / 많- / -다

1. 형태소는 뜻을 가진 가장 작은 말의 단위로, 더 이상 나눌 수 없어요. 참고 56쪽

2. '하늘'과 '바다'는 홀로 쓰일 수 있지만 더 이상 쪼개면 뜻을 잃어버리기 때문에 단어이면서 형태소이기도 해요. 참고 56쪽

3. (1) 문장에 쓰인 단어는 '바람, 에, 풍선, 이, 날아갔다'로 모두 5개예요. (2) 문장에 쓰인 단어는 '사과나무, 에, 꽃, 이, 활짝, 피었다'로 모두 6개예요. 참고 57쪽

4. (2) '어머니'는 더 이상 나누면 뜻을 잃어버려요. (4) '날- + 고기'로 나누어야 해요. 참고 56쪽

192

5. (1) 실질적 뜻을 가지고 있는 부분 '파랑-'과 실질적 뜻은 없지만 문법적인 뜻을 가지는 '-다'로 나눌 수 있어요. (2) '발'과 '바닥' 모두 실질적 뜻을 가지고 있어요. (3) '다리'는 더 이상 나눌 수 없어요. (4) '지우개'는 실질적 뜻을 가지고 있는 '지우-'와 간단한 도구라는 뜻을 더해 주는 말인 '-개'로 나눌 수 있어요. 참고 57쪽

6. '헛-', '풋-', '-꾼'은 홀로 쓰이지 못하고 다른 말(어근)에 붙어 뜻을 더해 주는 접사예요. ·헛-: 이유 없는, 보람 없는 ·풋-: 처음 나온, 덜 익은 ·-꾼: 어떤 일을 전문적으로 하는 사람 참고 56쪽

7. 형태소를 나눌 때에는 뜻을 가진 단위이면서, 더 나누었을 때 본래의 의미가 없어지는지 아닌지가 기준이 돼요. 참고 56쪽

2. 단일어, 복합어 / 합성어, 파생어   62쪽

1. ㉠ 어근 ㉡ 접사
2. (1) × (2) × (3) ○
3. (1) 복 (2) 단 (3) 단 (4) 복
   (5) 복 (6) 단
4. (1) 헛발질 (2) 아프다 (3) 햇과일
   (4) 콩 / 나물
5. 접사
6. (1) ㉠ (2) ㉡ (3) ㉠ (4) ㉡
7. (1) 칼 + 국수 (2) 꽃 + 무늬
   (3) 발 + 바닥 (4) 고무 + 신
8. (1) 풋- + 과일 (2) 지우- + -개
   (3) 덧- + 버선 (4) 고집 + -쟁이

1. 어근은 '말의 뿌리'라는 뜻으로 단어에서 실질적 의

미를 나타내고, 접사는 '붙는 말'이라는 뜻으로 항상 다른 어근이나 단어에 붙어서 새로운 단어를 구성해요. 참고 60쪽

2. (1) 하나의 어근으로 이루어진 단어도 있어요. (2) 어근과 어근이 결합한 단어는 복합어이면서 합성어예요. 참고 60, 61쪽

3. (1) 덧- + 신(접사+어근) (2) 감자(어근) (3) 메아리(어근) (4) 손 + 수건(어근+어근) (5) 바늘 + -질(어근+접사) (6) 할머니(어근) 참고 60쪽

4. (1) 헛발질은 '겨냥이 맞지 않아 빗나간 발길질'이라는 뜻으로, 어근은 '발'이에요. '헛-'은 '이유 없는', '-질'은 '신체 부위를 이용한 어떤 행위'를 나타내는 접사예요. (2) '아프다'에서 실질적 의미를 가진 어근은 '아프-'예요. (3) '햇-'은 '그해에 새로 난'이라는 뜻의 접사예요. (4) '콩나물'은 '콩'과 '나물' 두 개의 어근으로 이루어진 단어예요. 참고 61쪽

5. 둘 이상의 어근으로만 이루어진 단어는 합성어, 어근과 접사로 이루어진 단어는 파생어예요. 참고 61쪽

6. (1) 밥 + 그릇(어근+어근) (2) 맨- + 주먹(접사+어근) (3) 책 + 가방(어근+어근) (4) 사냥 + -꾼(어근+접사) 참고 61쪽

7. <보기>는 합성어를 어근으로 나눈 것이에요. 제시된 단어들을 실질적 의미를 가진 부분으로 나누어 보세요. 참고 61쪽

8. <보기>는 파생어를 어근과 접사로 나눈 것이에요. 제시된 단어들을 실질적인 의미를 가진 부분과 뜻을 더해 주는 부분으로 나누어 보세요. (1)

'풋'은 '처음 나온', '덜 익은'의 뜻을 나타내는 접사예요. (2) '-개'는 '간단한 도구'의 뜻을 나타내는 접사예요. (3) '덧-'은 '거듭된' 또는 '겹쳐 입거나 신는'이라는 뜻의 접사예요. (4) '-쟁이'는 '그것을 나타내는 속성을 많이 가진 사람'이라는 뜻의 접사예요. 참고 61쪽

3. 품사의 분류   68쪽

> 1. ㉠ 형태 ㉡ 기능(역할) ㉢ 의미
> 2. 짧다, 달리다, 차갑다
> 3. (1) ㉠ (2) ㉡
> 4. (1) ㉠ (2) ㉢
> 5. 는, 도, 에
> 6. (1) 눈, 노래 (2) 그녀 (3) 내린다, 부른다
> 7. (1) 수 (2) 감 (3) 수 (4) 감 (5) 감 (6) 감

1. 빈칸의 정답을 확인하면서 품사의 분류 기준을 다시 한번 정리해 보세요. 참고 64쪽

2. 문장에서 쓰일 때 형태가 바뀌는 가변어에 해당하는 것은 동사와 형용사예요. '짧다'와 '차갑다'는 형용사, '달리다'는 동사예요. 참고 64, 66쪽

3. (1) 왼쪽은 문장에서 형태가 바뀌지 않는 불변어이고 오른쪽은 문장에서 형태가 바뀌는 가변어예요. (2) 왼쪽은 문장에서 중심이 되는 기능(역할)을 하는 체언이고 오른쪽은 다른 말을 꾸며 주는 역할을 하는 수식언이에요. 참고 64, 65쪽

4. (1) 체언은 문장에서 동작이나 상태의 주체를 나타내는 단어로 명사, 대명사, 수사가 포함돼요. (2) 용언은 사람이나 사물의 움직임이나 상태를 나타내는 단어로 동사와 형용사가 포함돼요. 참고 65, 66쪽

5. 조건에 맞는 단어는 '조사'예요. 조사는 홀로 쓰일 수 없고 주로 체언 뒤에 붙어서 문법적 관계를 나타내 줘요. 참고 67쪽

6. (1)은 명사, (2)는 대명사, (3)은 동사를 찾아 써 보세요. 참고 66, 67쪽

7. (1), (3)은 수식언 중 용언을 꾸며 주는 부사이고, (2), (4), (5), (6)은 감탄사예요. 참고 67쪽

4. 품사 1 (명사, 대명사, 수사, 조사)   74쪽

> 1. (1) ○ (2) × (3) ○
> 2. ㉠ 명사 ㉡ 대명사 ㉢ 수사
> 3. (1) 진수, 기차, 할머니
>   (2) 경복궁, 문화재 (3) 평화, 것, 생각
> 4. (1) ㉠ (2) ㉡ (3) ㉡
> 5. 인칭 대명사: 그녀, 우리, 저희, 너희, 그분
>   지시 대명사: 저것, 그곳, 저기
> 6. (1) 양 (2) 양 (3) 양 (4) 서 (5) 양
>   (6) 서
> 7. 랑, 는, 에서, 하고, 과, 를
> 8. (1) 로 (2) 과 (3) 만

1. 대명사는 사물이나 사람, 장소의 이름을 대신하여 가리키는 품사예요. 참고 71쪽

2. '과자'는 사물의 이름을 나타내는 명사, '이것'은 사물의 이름을 대신 가리키는 대명사, '하나'는 사물의 수량을 가리키는 수사예요. 참고 70, 71, 72쪽

3. (1) '진수'는 고유 명사, '기차'와 '할머니'는 보통 명사예요. (2) '경복궁'은 고유 명사, '문화재'는 보통 명사예요. (3) '평화'와 '생각'은 추상 명사, '것'은 의존 명사예요. 참고 70, 71쪽

4. (1) '떡볶이'는 같은 종류의 사물에 두루 쓰이는 '보통 명사'예요. (2) '우정'은 눈에 보이지 않는 개념을 나타내는 '추상 명사'예요. (3) '줄'은 '어떤 방법이나 셈속'을 나타내는 말로 다른 말의 꾸밈을 받아야만 하는 '의존 명사'예요. 참고 70, 71쪽

5. 인칭 대명사는 사람의 이름을 대신하여 나타내고, 지시 대명사는 사물이나 장소의 이름을 대신하여 나타내요. 참고 72쪽

6. 양수사는 사물의 수량을 나타내고, 서수사는 사물의 순서를 나타내요. 참고 72쪽

7. 조사는 홀로 쓰이지 못하고 체언의 뒤에 붙어서 문법적 관계를 나타내거나 특별한 뜻을 더해 주는 품사예요. 참고 73쪽

8. (1) '로'는 '어떤 일의 수단이나 도구'임을 나타내는 격조사예요. (2) '과'는 둘 이상의 사물을 같은 자격으로 이어 주는 접속 조사예요. (3) '만'은 '다른 것은 빼고 그것만'이라는 뜻을 나타내는 보조사예요. 참고 73쪽

5. 품사 2 (동사, 형용사)   80쪽

> 1. (1) ✕ (2) ◯ (3) ✕ (4) ◯
> 2. ㉠ 용언 ㉡ 형태(모양)
> 3. (1) 오다, 울다 (2) 구르다, 만나다
>   (3) 나누다, 입다
> 4. (1) 닦다, 쌓이다, 쓸다
>   (2) 타다, 날아오다, 간질이다
> 5. (1) 귀엽다, 맵다, 반짝이다
>   (2) 그립다, 예쁘다 (3) 맑다, 둥글다, 미끄럽다
> 6. (1) ㉡ (2) ㉠ (3) ㉡
> 7. (1) 날은다 (2) 무겁자

1. (1) 동사는 문장에서 주로 서술어로 쓰여요. (3) 형용사는 요청이나 명령 표현으로 쓸 수 없어요. 참고 77, 79쪽

2. 동사와 형용사는 문장 안에서 서술하는 역할을 하는 용언이면서, 문장에서 형태가 바뀌는 가변어예요. 참고 77, 78쪽

3. 동사는 문장 안에서 다양한 형태로 쓰여요. 나머지 단어들은 문장 안에서 모양이 바뀌지 않아요. 참고 77쪽

4. 동사의 기본형은 일반적으로 어간에 어미 '-다'를 붙인 형태예요. 참고 77쪽

5. 형용사는 문장 안에서 다양한 형태로 쓰여요. 나머지 단어들은 문장 안에서 모양이 바뀌지 않아요. 참고 78쪽

6. (1) '재미있다'는 즐겁고 유쾌한 상태를 나타내는 형용사예요. (2) '뛰다'는 발을 재빠르게 움직여 나아가는 움직임을 나타내는 동사예요. (3) '싱겁다'는 음식의 간이 약한 상태를 나타내는 형용사예요. 참고 77, 78쪽

7. (1) 동사는 '-ㄴ다/-는다'와 같은 어미를 사용해 현재의 상태를 나타낼 수 있어요. '날다'의 올바른 활용은 '날은다'가 아닌 '난다'예요. (2) 형용사는 요

청의 표현을 사용할 수 없어요. 참고 79쪽

6. 품사 3 (관형사, 부사, 감탄사)　　88쪽

1. (1) ○　(2) ○　(3) ×
2. (1) 저　(2) 헌, 새　(3) 한
3. (1) ㉡　(2) ㉢　(3) ㉠
4. (1) ㉢　(2) ㉡　(3) ㉠
5. (1) 잘　(2) 함께　(3) 이미
6. (1) ㉡　(2) ㉠　(3) ㉡
7. (1) ×　(2) ○　(3) ○
8. (1) 아　(2) 어휴　(3) 네

1. 부사에는 조사가 붙을 수 있어요. (예) 너무도 달콤하다. 참고 85쪽

2. (1) 관형사 '저'가 '아이'를 꾸며 주고 있어요. (지시 관형사) (2) 관형사 '헌'과 '새'가 '책상'을 꾸며 주고 있어요. (성상 관형사) (3) 관형사 '한'이 '송이'를 꾸며 주고 있어요. (수 관형사) 참고 83쪽

3. (1) '그'는 어떤 대상을 가리키는 '지시 관형사'예요. (2) '몇'은 수량이나 순서를 나타내면서 뒤의 체언을 꾸미는 '수 관형사'예요. (3) '온갖'은 사물의 성질이나 상태를 꾸며 주는 '성상 관형사'예요. 참고 83쪽

4. (1) '여보게'는 부름을 나타내는 감탄사예요. (2) '이리'는 '이곳으로'라는 뜻을 나타내는 부사로써 동사인 '오다(와서)'를 꾸며 주고 있어요. (3) '모든'은 사물의 상태를 꾸며 주는 관형사예요. 체언인 '사람'을 꾸며 주고 있어요. 참고 83, 84, 86쪽

5. (1) '잘'은 '분명하고 또렷이'라는 뜻을 나타내는 부사예요. 동사인 '보다(보이지)'를 꾸미고 있어요. (2) '함께'는 '서로 더불어'라는 뜻의 부사예요, 동사인 '놀다(놀던)'를 꾸미고 있어요. (3) '이미'는 '다 끝나거나 지난 일'을 나타내는 부사예요. 동사인 '떠나다(떠난)'를 꾸미고 있어요. 참고 84쪽

6. (1) 부사 '제발'이 뒤에 오는 문장 전체를 꾸며 주고 있어요. (2) 부사 '아주'가 문장의 다른 성분(형용사)을 꾸며 주고 있어요. (3) 부사 '설마'가 뒤에 오는 문장 전체를 꾸며 주고 있어요. 참고 85쪽

7. 감탄사는 문장에서 다른 말과 관계를 맺지 않고 독립적으로 쓰여요. 참고 86쪽

8. 문장에서 부름이나 대답, 감정 등을 나타내는 말을 찾아 써 보세요. 참고 86쪽

이해 쏙쏙　　98쪽

1. ③　　2. ㉠, ㉣　　3. ③　　4. ⑤
5. ㉠ 옆집, 강아지　㉡ 수빈, 여기
　　㉢ 첫째, 안전, 둘째, 우선
6. ④　　7. ④　　8. ⑤
9. ㉠ 관형사 ㉡ 부사　　10. ⑤

1. 맛있다는 '맛- + -있- + -다'로 형태소를 나눌 수 있어요. '밤하늘(밤 + 하늘)', '귀엽다(귀엽- + -다)', '먹구름(먹- + 구름)', '복숭아(복숭아)' 참고 57쪽

2. ㉠, ㉣은 하나의 어근으로 이루어진 단일어이고, ㉡, ㉢은 합성어(어근+어근), ㉤, ㉥은 파생어(어근+접사)예요. 참고 60, 61쪽

196

3. ①, ②는 단일어끼리 짝을 이루었어요. ④는 파생어와 단일어가 짝을 이루었어요. ⑤는 파생어와 합성어가 짝을 이루었어요. 참고 60, 61쪽

4. 공통된 성질을 지닌 것끼리 모아 놓은 단어의 갈래는 품사라고 해요. 나머지 보기들은 품사의 한 종류예요. 참고 64쪽

5. 체언은 문장에서 중심이 되는 역할을 하는 단어로, 명사, 대명사, 수사가 포함돼요. 참고 65쪽

6. ㉠은 대명사로 문장에서 형태가 변하지 않아요. ㉡은 구체적인 사물의 이름을 나타내는 구체 명사예요. ㉢은 수사 중에서 사물의 수량을 나타내는 양수사예요. ㉣은 사람의 이름을 나타내는 고유 명사로, 반드시 다른 단어의 꾸밈을 받아야 하는 것은 아니에요. ㉤은 사람의 이름을 대신 나타내는 인칭 대명사예요. 참고 70, 71, 72쪽

7. 빈칸에는 단어들의 문법적인 관계를 나타내는 조사가 들어가야 알맞아요. 참고 73쪽

8. '슬기롭다'는 형용사이기 때문에 요청이나 명령의 표현으로 쓸 수 없어요. 참고 79쪽

9. '옛'은 체언인 '친구'를 꾸미는 관형사이고, '무척'은 용언인 '좋았다'를 꾸미는 부사예요. 참고 82, 84쪽

10. 감탄사는 다른 단어와 관계를 맺지 않고 독립적으로 쓰이며, 문장에서 형태가 바뀌지 않아요. 문장 안에서 부름이나 대답, 감정 등을 나타내요. 참고 86쪽

제3장 어휘

1. 고유어, 한자어, 외래어   107쪽

> 1. (1) × (2) × (3) ○
> 2. (1) ㉡ (2) ㉢ (3) ㉠
> 3. (1) 풀이 (2) 고쳤다
> 4. ㉢
> 5. ㉠ 머리띠 ㉡ 웃옷 ㉢ 치마

1. (1) 높임말로 사용되는 경우가 많은 것은 한자어예요. (2) 외래어는 다른 나라의 말을 빌려 와서 우리말처럼 쓰는 말이에요. 참고 105쪽

2. (1) '성함(姓銜)'은 성과 이름을 아울러 이르는 한자어이고, '남매(男妹)'는 남녀 형제를 이르는 한자어예요. (2) 라디오(radio)와 버스(bus)는 우리말처럼 쓰이는 외래어예요. (3) '인절미'와 '천둥'은 예부터 내려온 우리 고유의 말이에요. 참고 104, 105쪽

3. (1) '해설(解說)'은 풀어서 설명한다는 뜻으로 고유어인 '풀이'와 바꾸어 쓸 수 있어요. (2) '수정(修整)'은 고치어 정돈한다는 뜻이므로 '고쳤다'와 바꾸어 쓸 수 있어요. 참고 105쪽

4. 보기 중에서 외래어는 '챔피언, 고구마, 바이올린, 와플, 모델, 카스텔라, 재즈'예요. 모두 외국에서 와서 우리말처럼 쓰여요. '구름'은 고유어이고, '밀크'는 우리말로 정착하지 못한 외국어예요. 참고 105쪽

5. 헤어밴드(hairband)는 머리띠, 재킷(jacket)은 웃옷, 스커트(skirt)는 치마로 바꾸어 쓸 수 있어요. 참고 105쪽

2. 유의어, 반의어   110쪽

> 1. (1) ✕   (2) ✕   (3) ◯
> 2. (1) ㉠   (2) ㉣   (3) ㉡   (3) ㉠
> 3. (1) 유   (2) 반   (3) 반   (4) 유   (5) 유
>   (6) 반
> 4. (1) ㉠   (2) ㉢   (3) ㉡
> 5. ㉡, ㉢, ㉤
> 6. (1) ㉢   (2) ㉠   (3) ㉢
> 7. (1) ◯   (2) ✕   (3) ◯

1. (1) 뜻이 서로 반대되는 낱말은 반의어라고 해요.
   (2) 유의어는 단어에 따라 느낌에 차이가 있기 때문에 문장의 흐름에 맞게 알맞은 낱말을 찾아 써야 해요. (3) 하나의 단어에 여러 개의 반의어가 있을 수 있어요. (예) 열다 – 닫다 / 잠그다 - 채우다
   참고 109쪽

2. '끼니'는 '아침, 점심, 저녁과 같이 날마다 일정한 시간에 먹는 밥'이라는 뜻이에요. (2) '마을'과 '동네'는 둘 다 '여러 집이 모여 사는 곳'이라는 뜻을 가지고 있어요. (3) '신장(身長)'은 '몸의 길이'라는 뜻으로 '키'의 유의어예요. '체중(體重)'은 몸무게와 비슷한 말이에요. 참고 108쪽

3. '산울림'은 '울려 퍼져 나간 소리가 산이나 절벽 등에 부딪쳐 되울려오는 소리'라는 뜻으로 '메아리'와 바꾸어 쓸 수 있는 유의어예요. 참고 108쪽

4. 반의어는 하나의 단어에 여러 개의 단어가 대립하는 경우도 있어요. 참고 109쪽

5. ㉡, ㉢, ㉤은 모두 반의 관계에 있는 단어들이에요. 참고 109쪽

6. (1) '배웅'은 떠나는 손님을 따라 나가 보내는 일이고 '마중'은 오는 사람을 나가서 맞이하는 일이에요. '송별'은 '떠나는 사람을 이별하여 보내는 일'로 '배웅'의 유의어예요. (2) '풀리나'는 '잠기나', '박이다'는 '뚫리다'와 반의 관계에 있어요. (3) '출발'은 목적지를 향해 나아간다는 뜻이고 '도착'은 목적한 곳에 다다른다는 뜻이에요. 참고 109쪽

7. '아버지'와 '어머니'는 반의 관계에 있는 단어들이에요. '자신을 낳아 준 사람'이라는 공통점이 있지만 '남자'와 '여자'라는 대립되는 의미가 있어요. 반대의 의미를 가진 단어들이기 때문에 문장에서 바꾸어 쓰면 의미가 달라져요. 참고 109쪽

3. 상의어, 하의어   114쪽

> 1. (1) ◯   (2) ✕   (3) ◯
> 2. (1) 채점 기준: 직업의 종류를 바르게 쓸 것
>   (예) 정치가, 연예인, 프로그래머 등
>   (2) 채점 기준: 꽃의 종류를 바르게 쓸 것
>   (예) 개나리, 진달래, 백합, 코스모스 등
> 3. (3) ㉢
> 4. (1) 음료수   (2) 세면도구
> 5. (1) ㉢   (2) ㉡   (3) ㉠
> 6. (1) ㉢   (2) ㉡
> 7. (1) 신발   (2) 반려동물

1. (2) 상의어와 하의어의 관계는 상대적이어서 무엇과 견주느냐에 따라 상의어가 될 수도 하의어가 될 수도 있어요. 참고 113쪽

2. (1) 알고 있는 직업의 종류를 찾아 써 보세요. (2) 알

고 있는 꽃의 이름을 찾아 써 보세요. [참고] 112쪽

3. '학용품'은 필기도구나 공책 등과 같이 공부할 때 필요한 물품을 말해요. 학용품은 지우개의 상의어, 지우개는 학용품의 하의어이므로 두 단어의 관계는 상하 관계예요. [참고] 112쪽

4. (1) 주스, 콜라, 우유, 코코아는 모두 '음료수'의 한 종류예요. (2) 칫솔, 치약, 비누, 샴푸는 얼굴을 씻거나 머리를 감는 일을 할 때 사용하는 '세면도구'에 포함돼요. [참고] 112쪽

5. 하의어는 상의어에 비해서 구체적인 뜻을 나타내요. 각각의 상의어에 포함되는 알맞은 하의어를 찾아 보세요. [참고] 113쪽

6. (1) '포유류'는 새끼를 낳아 젖을 먹이고, 허파로 숨을 쉬는 척추 동물의 한 종류를 뜻하므로 알을 낳는 '두꺼비'는 포유류의 하의어로 알맞지 않아요. (2) '외국어'는 다른 나라의 말이므로 '모국어'는 외국어의 하의어가 될 수 없어요. [참고] 112쪽

7. (1) 제시된 단어들은 모두 '신발'의 한 종류예요. (2) 제시된 단어들은 모두 사람이 곁에 가까이 두고 기르는 '반려동물'의 한 종류예요. [참고] 112쪽

4. 동음이의어, 다의어   118쪽

1. ㉠ 동음이의어 ㉡ 다의어
2. (1) ㉡ (2) ㉠ (3) ㉠
3. (1) 동 (2) 다 (3) 동
4. (1) 길 (2) 틈 (3) 손
5. (1) ㉡ (2) ㉠ (3) ㉡

1. 빈칸의 정답을 확인하면서 동음이의어와 다의어의 개념을 다시 한번 정리해 보세요. [참고] 116, 117쪽

2. (1) ㉮의 '얼굴'은 '눈, 코, 입이 있는 머리의 앞쪽 부분'을 뜻하고 ㉯의 '얼굴'은 '어떠한 사물을 대표하는 것'을 뜻해요. 하나의 단어가 연관된 다른 의미로 확대된 다의 관계예요. (2) ㉮의 '밤'은 '해가 진 후부터 다음날 해가 뜨기 전까지의 어두운 동안'을, ㉯의 '밤'은 '먹는 밤'을 뜻해요. 두 단어 사이에 아무런 연관성이 없으므로 동음이의 관계라는 것을 알 수 있어요. (3) ㉮의 '타다'는 '탈것이나 동물의 등에 몸을 얹는다'는 뜻이고, ㉯의 '타다'는 '피부가 햇볕을 오래 쬐어 검게 변했다'는 뜻이에요. 두 단어 사이에 아무런 연관성이 없는 동음이의 관계예요. [참고] 116, 117쪽

3. (1) 밑줄 친 '배'는 각각 '먹는 배'와 '사람의 신체 부위인 배'를 나타내요. 두 단어 사이에 아무런 연관성이 없으므로 동음이의어예요. (2) '책상의 다리'와 '사람의 다리'는 모두 물체의 아래쪽에서 윗부분을 받치고 있다는 점에서 유사성이 있는 다의어예요. (3) '하늘에서 내리는 눈'과 '사람의 눈'은 의미상 유사한 점이 없는 동음이의어예요.
[참고] 116, 117쪽

4. (1) 다의어 '길'은 '사람이나 차 등이 지나다닐 수 있게 땅 위에 만든 공간'이라는 뜻과 '어떤 자격이나 신분으로 해야 할 도리나 임무'라는 뜻이 있어요. (2) 동음이의어인 '틈'을 쓸 수 있어요. 명사 '틈'은 '벌어져서 사이가 생긴 자리'라는 뜻을 나타내고, 의존 명사 '틈'은 '어떤 일을 할 만한 잠시 동안의 시간'이라는 뜻을 나타내요. (3) 다의어 '손'은 사람의 '신체 부위인 손'과 '일을 하는 데 드는 사람의

힘'을 나타내요.　참고 116, 117쪽

5. (1) '먹다'는 '음식 등을 배 속에 들여보내다'라는 중심 의미(ⓛ)와 '겁이나 충격 등을 느끼게 되다'라는 주변 의미(㉠)가 있는 다의어예요. (2) '아침'은 '시간으로서의 아침'이라는 중심 의미(㉠)와 '아침에 먹는 밥'이라는 주변 의미(ⓛ)를 나타내는 다의어예요. (3) '입다'는 '옷을 몸에 걸치거나 두르다'라는 중심 의미(ⓛ)와 '상처나 피해 등 좋지 못한 일을 당하다'라는 주변 의미(㉠)를 나타내는 다의어예요.　참고 117쪽

이해 쏙쏙　124쪽

1. ③	2. ④	3. ②
4. ④	5. ②	6. 다의 관계
7. ④	8. ③	9. ①
10. ③		

1. 한자어는 중국을 비롯해 우리나라와 일본에서도 만들어졌어요.　참고 105쪽

2. '춥다'와 '덥다'는 반의 관계에 있는 단어예요. ③은 유의어에 대한 설명이고 나머지 보기는 반의관계에 대한 설명으로 알맞지 않아요.　참고 109쪽

3. ㉠은 외래어이고 ⓛ은 외국어예요. 외래어는 외국의 문물과 함께 들어온 말이기 때문에 바꾸어 쓸 수 있는 말이 없지만 외국어는 바꾸어 쓸 수 있는 말을 비교적 쉽게 찾을 수 있어요.　참고 105쪽

4. '감정'은 어떤 일에 대해 마음에 일어나는 느낌이나 기분을 나타내요. 감정에는 '슬픔', '기쁨', '좋음',

'싫음' 등이 있지요. 상의어인 '감정'이 하의어인 '기쁨'을 포함하므로 두 단어의 관계는 상하 관계예요.　참고 112쪽

5. '항상'은 '어느 때에나 변함없이'라는 뜻으로 '언제나'와 바꾸어 쓸 수 있는 유의어예요.　참고 108쪽

6. '싹'은 '씨나 줄기에서 처음 나오는 어린 잎이나 줄기'를 나타내지만, 의미가 확장되어 '어떤 일이나 사람이 앞으로 잘될 것 같은 낌새'를 나타내기도 해요. 하나의 낱말이 두 가지 이상의 관련된 의미로 쓰이고 있으므로 다의 관계예요.　참고 117쪽

7. '청바지'는 '질긴 무명으로 만든 파란색 바지'라는 뜻이고 '반바지'는 '길이가 무릎 정도까지 오는 짧은 바지'라는 뜻이에요. 의미상으로 어느 한쪽이 다른 쪽에 포함되거나 하지 않기 때문에 상하 관계에 있지 않아요. 두 단어의 상의어로는 '바지'를 들 수 있어요.　참고 112쪽

8. '둥글고 단맛이 나는 주황색 과일'이라는 뜻의 '감'과 '어떤 일에 대한 느낌이나 생각'이라는 뜻의 '감(感)'은 단어 사이의 연관성이 없는 동음이의 관계의 단어들이에요.　참고 116쪽

9. '달, 노래, 사랑, 하늘'은 고유어이고, '연필(鉛筆), 음악(音樂), 인형(人形)'은 한자어, '노트(note), 앨범(album), 빵(pão)'은 외래어예요.　참고 104, 105쪽

10. '무릎, 어깨, 가슴, 얼굴'은 모두 '신체'의 일부분이므로 상의어인 '신체'가 나머지 단어들을 포함할 수 있어요.　참고 112쪽

제4장 문장

1. 문장의 의미와 주성분   136쪽

1. (1) × (2) ○ (3) × (4) ○ (5) ×
2. (1) 강아지가   (2) 학생회에서
   (3) 날씨가   (4) 아버지께서   (5) 다리가
3. (1) 만들었다   (2) 크다   (3) 눈부시구나
   (4) 씩씩해   (5) 작품이다
4. (1) ㉠   (2) ㉢   (3) ㉡
5. (1) 방을   (2) 선물을   (3) 달리기만
   (4) 할머니를
6. 채점 기준: ① 문장에 어울릴 것
   ② 체언에 조사 '이/가'를 붙일 것
   (1) 언니가, 누나가, 형이 등   (2) 닭이
   (3) 학생이, 선생님이 등

1. (1), (5) 문장의 주성분에는 보어도 포함돼요. (3) 서술어는 보통 문장의 끝에 놓지만 강조하고 싶을 때는 문장의 맨 앞에 놓기도 해요. 참고 131, 133쪽

2. 문장에서 '무엇이', '누가'를 나타내는 부분을 찾아 보세요. 참고 132쪽

3. 문장에서 '어찌하다', '어떠하다', '무엇이다'를 나타내는 부분을 찾아 보세요. 참고 133쪽

4. (1) 사람이나 사물의 움직임을 서술하는 '어찌하다'에 해당해요. (2) 체언 뒤에 붙어서 성질이 무엇인지 설명하는 '무엇이다'에 해당해요. (3) 사람이나 사물의 상태를 서술하는 '어떠하다'에 해당해요. 참고 133쪽

5. 문장에서 '누구를', '무엇을'에 해당하는 부분을 찾

아 보세요. 목적어에는 (3)의 '달리기만'과 같이 특별한 뜻을 더하는 보조사가 붙을 수도 있어요. 참고 134쪽

6. '되다', '아니다'의 뜻을 보충해 주는 단어를 자유롭게 써 보세요. 참고 135쪽

2. 부속 성분 / 독립 성분   142쪽

1. (1) × (2) × (3) ○ (4) ×
2. (1) 이 약은 너무 써서 먹기 힘들다.
   (2) 친구의 고민에 귀 기울여 주세요.
   (3) 떨어지는 별똥별에 소원을 빌었다.
3. (1) ㉢   (2) ㉡   (3) ㉠
4. (1) 사과가 주렁주렁 열렸다.
   (2) 우리 가족은 바다에 도착했다.
   (3) 동생의 얼굴이 까맣게 탔다.
5. (1) ㉡   (2) ㉠   (3) ㉢
6. (1) 선생님   (2) 맙소사   (3) 쉿
   (4) 채은아   (5) 이야

1. (1) 문장의 부속 성분은 필수적인 요소가 아니에요. (2) 독립어는 독립 성분에 해당해요. (4) 독립어는 다른 문장 성분과 관계를 맺지 않아요. 참고 139, 141쪽

2. (1) 관형사 '이'가 '약'을 꾸미는 관형어로 쓰였어요. (2) 체언에 조사 '의'가 붙은 관형어 '친구의'가 '고민'을 꾸미고 있어요. (3) 용언의 어간에 '-는'이 붙은 관형어 '떨어지는'이 '별똥별'을 꾸미고 있어요. 참고 139쪽

3. (1) 관형어 '잃어버렸던'이 체언 '지갑'을 꾸미고 있

어요. 용언의 어간에 과거의 일을 나타내는 어미 '-던'이 붙은 형태예요. (2) 관형어 '귤의'가 체언 '껍질'을 꾸미고 있어요. 체언에 관형어를 만드는 조사 '의'가 붙은 형태예요. (3) 관형사 '모든'이 체언 '학생'을 꾸미는 관형어로 쓰였어요. 참고 139쪽

4. 부사어는 주로 용언인 '동사'와 '형용사'를 꾸미는 성분이에요. 문장에서 동작이나 상태를 나타내는 말과 그것을 꾸미는 말을 찾아 보세요. 참고 139쪽

5. (1) 부사어 '비상구로'가 용언 '탈출하세요(탈출하다)'를 꾸미고 있어요. 체언인 '비상구'에 수단이나 도구를 나타내는 조사 '로'가 붙어 부사어가 되었어요. (2) 부사 '쏙'이 문장 속에서 그대로 부사어로 쓰여서 '내밀었다(내밀다)'를 꾸며 주고 있어요. (3) 부사어 '크게'가 '다투고(다투다)'를 꾸며 주고 있어요. '크다'라는 용언의 어간 '크-'에 부사어를 만드는 어미 '-게'가 붙은 형태예요. 참고 140쪽

6. 문장에서 다른 말과 관계 맺지 않고 부름, 대답, 감탄을 나타내는 말을 찾아 보세요. 참고 141쪽

3. 홑문장, 겹문장   148쪽

1. (1) 홑문장, 겹문장 (2) 홑문장 (3) 겹문장
2. (1) 책 속에 길이 있다
   (2) 하늘이 눈이 부시게 아름다웠다.
   (3) 안은 따뜻하고 바깥은 춥다.
   (4) 해가 져서 주변이 깜깜해졌다.
3. (1) 겹 (2) 홑 (3) 겹 (4) 홑
4. (1) ○ (2) × (3) ○
5. (1) 작년에 갔던 (2) 목이 길다
   (3) 밤이 새도록

6. (1) ○ (2) ○ (3) ×
7. (1) 종 (2) 대 (3) 대 (4) 종

1. 빈칸의 정답을 확인하면서 홑문장과 겹문장의 개념을 다시 한번 정리해 보세요. 참고 144쪽

2. (1) 주어 '길이'와 서술어 '있다'가 짝을 이룬 홑문장이에요. (2) '하늘이'와 '아름다웠다', '눈이'와 '부시게'가 각각 주어와 서술어 짝을 이룬 겹문장이에요. (3) '안은'과 '따뜻하고', '바깥은'과 '춥다'가 각각 주어와 서술어 짝을 이룬 겹문장이에요. (4) '해가'와 '져서', '주변이'와 '깜깜해졌다'가 각각 주어와 서술어 짝을 이룬 겹문장이에요. 참고 145쪽

3. (1) 서술절을 안은 문장이에요. '코가 길다'가 '코끼리는'이라는 주어를 서술하고 있어요. (2) 주어 '비가'와 서술어 '온다'가 한 번만 짝을 이룬 홑문장이에요. (3) 종속적으로 이어진 문장이에요. '봄이 오면', '꽃이 핀다'가 각각 주어와 서술어의 관계를 맺고 있으며, '조건'이라는 종속적인 관계로 이어져 있어요. (4) 주어 '나는'과 서술어 '들었다'의 짝으로 이루어진 홑문장이에요. 참고 145, 146, 147쪽

4. (1) '지윤이는 기다렸다'라는 문장이 '혜원이가 사과하기를'이라는 명사절을 안고 있어요. (2) '장미꽃을 사다'와 '꽃집에 가다'라는 두 개의 문장이 '목적'을 나타내는 어미 '-(으)러'로 인해 종속적으로 이어져 있어요. (3) '태준이는 말했다'라는 문장 안에 인용하는 말이 절의 형식으로 안겨 있어요.
참고 146, 147쪽

5. (1) '작년에 갔던'이 '바다'를 꾸미는 관형절로 안겨 있어요. (2) '목이 길다'가 '기린은'을 서술하는 서술절로 안겨 있어요. (3) '밤이 새도록'이 '연습했다'를

꾸미는 부사절로 안겨 있어요. 참고 146쪽

6. (1) 앞 절과 뒤 절이 '조건'이라는 종속적 관계로 이어진 문장이에요. (2) 앞 절과 뒤 절이 대등한 관계로 이어진 문장이에요. (3) '선욱이를 봤다'가 '현주는 말했다'라는 문장 안에 인용절로 안겨 있는 문장이에요. 참고 146, 147쪽

7. (1) 앞 절이 뒤 절의 '조건'이 되므로 의미 관계가 대등하지 않고 종속적이에요. (2), (3) 앞 절과 뒤 절의 순서를 바꾸어도 의미가 변하지 않으므로 대등하게 이어진 문장이에요. (4) 앞 절이 뒤 절의 '원인'이 되므로 의미 관계가 대등하지 않고 종속적이에요. 참고 146, 147쪽

4. 문장의 종결 표현   154쪽

1. (1) ○ (2) × (3) × (4) ×
2. (1) ㉡ (2) ㉠ (3) ㉢
3. (1) ㉡ (2) ㉠ (3) ㉠
4. (1) ㉡ (2) ㉠ (3) ㉡
5. 채점 기준: ① 알맞은 종결 어미를 사용할 것
   ② 문장에 어울릴 것
6. (1) 다, 네, 습니다, 어요 등
   (2) 니, 요, 냐 등 (3) 게, 십시오, 세요 등
   (4) 자 (5) 구나, 군, 군요 등

1. (2) 평서문에는 온점, 의문문에는 물음표를 써요. (3) 명령문의 서술어로는 동사만 쓸 수 있어요. (4) 말하는 이를 의식하지 않고 자신의 느낌을 표현하는 문장은 감탄문이에요. 참고 150, 151, 152쪽

2. (1) 듣는 이에게 질문을 하고 대답을 요구하고 있는 의문문이에요. (2) 듣는 이에게 어떤 일의 내용이나 생각을 평범하게 전달하는 평서문이에요. (3) 듣는 이에게 무엇인가를 하도록 시키는 명령문이에요. 참고 151쪽

3. (1) 의문문은 무엇인가를 묻고 대답을 요구하는 문장이에요. ㉠은 명령문이에요. (2) 청유문은 듣는 이에게 무엇인가를 함께 하기를 요청하는 문장이에요. ㉡은 감탄문이에요. (3) 감탄문은 기쁨이나 슬픔, 놀람 등을 표현하는 문장이에요. ㉡은 명령문이에요. 참고 151, 152쪽

4. (1) 느낌을 표현하는 감탄문이에요. 감탄문에는 주로 느낌표를 써요. (2) 단순한 사실을 전달하는 평서문이에요. 평서문 끝에는 주로 온점을 써요. (3) 듣는 이에게 대답을 요구하는 의문문이에요. 의문문 끝에는 주로 물음표를 써요. 참고 151, 152쪽

5. 각 문장의 종류에 어울리는 종결어미를 사용해 다양한 문장을 만들어 보세요. 참고 150, 151, 152쪽

5. 높임 표현   160쪽

1. (1) 진지를 (2) 모시고 (3) 가요
2. (1) 께서 (2) 께 (3) 께 (4) 께서
3. (1) 아버지 (2) 할아버지 (3) 선생님
4. (1) 드렸다 (2) 뵈었다(뵀다)
   (3) 있으시다
5. (1) ㉢ (2) ㉠ (3) ㉡
6. ㉡, ㉣, ㉤

1. (1) 주어인 '할머니'를 높이기 위해서는 '밥'의 높임말인 '진지'를 써야 해요. (2) 목적어인 선생님을 높

이기 위해서는 '데리다'의 높임말인 '모시다'를 써야 해요. (3) 삼촌은 윗사람이기 때문에 상대를 높이는 뜻이 나타나도록 '가요'라고 말해야 해요.
참고 157, 158, 159쪽

2. (1), (4) 주어를 높일 때는 조사 '가' 대신에 '께서'를 써요. (2), (3) 조사 '에게' 대신에 쓸 수 있는 높임 표현은 '께'예요. 참고 157, 158쪽

3. (1), (3) 주어 뒤에 대상을 높이는 조사 '께서'가 쓰였어요. (2) 서술어 '어울리다'에 높임을 나타내는 '-시-'를 넣어서 할아버지를 높이고 있어요.
참고 157쪽

4. (1) '주다'의 올바른 높임 표현은 '드리다'예요. (2) '만나다'의 높임 표현은 '뵈다'예요. (3) 주어를 간접적으로 높일 때는 '계시다'가 아닌 '있으시다'를 써야 해요. 참고 157쪽

5. (1) 상대인 아버지를 높이기 위해 높임을 나타내는 종결 표현을 썼어요. (2) 주어인 할머니를 높이기 위해 조사 '께서'와 높임을 나타내는 단어 '주무시다'를 썼어요. (3) 부사어인 선생님을 높이기 위해 조사 '에게' 대신에 '께'를 썼어요.
참고 157, 158, 159쪽

6. ㉠은 '제가 아버지께 전화를 드릴게요', ㉢은 '나는 몸이 아프다', ㉣은 '옆집 아주머니께 떡을 드렸어요'로 고쳐야 해요. 참고 158, 159쪽

6. 시간 표현 165쪽

> 1. ㉠ 과거 ㉡ 현재 ㉢ 미래
> 2. (1) ㉠ (2) ㉢ (3) ㉡
> 3. (1) 엊그제 (2) 훗날 (3) 현재
> 4. 채점 기준: ① 문장에 어울릴 것
> ② '-ㄹ 것이다'를 사용할 것
> (예) 열릴 것이다, 펼쳐질 것이다 등

1. 빈칸의 정답을 확인하면서 시간 표현의 개념을 다시 한번 정리해 보세요. 참고 162쪽

2. (1) '어제'라는 말을 쓰고 서술어에 과거의 일을 나타내는 어미 '-였-'을 사용하여 과거의 시간을 표현했어요. (2) '내일'이라는 말을 쓰고 서술어에 '-ㄹ 것이다'를 사용하여 미래의 시간을 표현하였어요. (3) '지금'이라는 말을 쓰고 서술어에 현재의 일을 나타내는 어미 '-ㄴ다'를 사용하여 현재의 시간을 표현하였어요. 참고 163, 164쪽

3. (1) '엊그제'는 '바로 며칠 전'이라는 뜻으로 과거의 시간을 표현하는 말이에요. (2) '훗날'은 '시간이 지나고 앞으로 올 날'이라는 뜻으로 미래의 시간을 표현하는 말이에요. (3) '현재'는 '지금 이때'라는 뜻으로 현재의 시간을 표현하는 말이에요.
참고 163, 164쪽

4. 시간을 나타내는 말과 서술어가 서로 같은 때를 가리켜야 올바른 시간 표현이라고 할 수 있어요. 미래를 나타내는 말 '다음 주'와 어울리려면 서술어에 '-ㄹ 것이다'를 써야 해요. 참고 164쪽

7. 부정 표현   168쪽

1. (1) ○ (2) × (3) ×
2. (1) 못 (2) 않았다 (3) 못 (4) 못하는
3. ㉠, ㉢
4. (1) ㉢ (2) ㉡ (3) ㉠
5. (1) 수호는 엄마의 심부름을 못 했다.
   (2) 길가에 쓰레기를 함부로 버리지 말자.
   (3) 이곳에서 사진을 찍으면 안 됩니다.
   (4) 나는 제시간에 약속 장소에 도착하지 못했다.
   (5) 올해 겨울은 작년보다 춥지 않다.

1. (2) 주어의 의지에 의한 부정은 '안' 부정문으로 표현해요. (3) 청유문과 명령문을 부정할 때에는 '말다'를 사용해요. 참고 166, 167쪽

2. (1), (3), (4) 자신의 의지가 아닌 외부의 원인 때문에 불가능한 것이므로 '못' 부정문으로 표현해야 해요. (2) 문장의 주체인 주어의 의지에 의해 어떤 행동을 하지 않는 것이기 때문에 '안' 부정문으로 표현해야 해요. 참고 166, 167쪽

3. 부정 표현은 '안'과 '못'을 사용하여 '그렇지 않음'을 나타내는 표현이에요. ㉡은 '안' 부정 표현, ㉣은 명령문을 부정할 때 쓰는 '-지 말다'를 사용해 부정의 뜻을 나타냈어요. 참고 166, 167쪽

4. (1) 신체적 불편함에 따른 주어의 능력 부족으로 어떤 행동을 할 수 없을 때는 '못' 부정 표현을 사용해요. (2) 주어의 의지에 따라 어떤 행동을 하지 않을 때는 '안' 부정 표현을 사용해요. (3) 외부의 원인 때문에 약속 시간을 지킬 수 없는 것이기 때문에 '못' 부정 표현을 사용해요. 참고 166, 167쪽

5. (1) '못'을 사용해 짧은 부정문을 만들어요. (2) '-지 말다'를 사용해 청유문의 부정 표현을 만들어요. (3) '안'을 사용해 짧은 부정문을 만들어요. (4) '-지 못하다'를 사용해 긴 부정문을 만들어요. (5) '-지 않다'를 사용해 긴 부정문을 만들어요. 참고 166, 167쪽

8. 능동·피동 표현 / 주동·사동 표현   174쪽

1. (1) × (2) × (3) ○
2. (1) 능 (2) 능 (3) 피 (4) 피
3. (1) 만들어졌다 (2) 풀렸다 (3) 작동된다
4. (1) 사 (2) 주 (3) 주 (4) 사
5. (1) ㉡ (2) ㉢ (3) ㉠
6. (1) (언니가) 의자에 동생을 (앉게 하다).
   (2) (심판이) 시합에서 선수를 (탈락시키다).
   (3) (선생님이) 호영이에게 당번을 (맡기다).

1. 주어가 다른 대상에 의해 어떤 일을 당하게 되는 것을 나타내는 표현은 '피동 표현'이에요. (2) 피동 표현을 만드는 접사는 '-이-, -히-, -리-, -기-'예요. 참고 170, 171쪽

2. (1), (2) 문장의 주체가 스스로 어떤 행동을 하는 것을 나타낸 능동문이에요. (3) 문장의 주체인 동생이 모기에게 무는 행동을 당하는 것이므로 피동문이에요. '물다'에 피동 표현을 만드는 접사 '-리-'가 붙어 '물리다'가 되었어요. (4) 문장의 주체인 꽃밭이 기계에 의해 다듬는 행동을 당하고 있으므로 피동문이에요. '다듬다'에 피동 표현을 만드는 '-어지다'가 붙어 '다듬어지다'가 되었어요.
    참고 170, 171쪽

3. 주어진 조건들은 피동 표현을 만들 때 붙일 수 있는 말이에요. (1)은 '만들다'의 어간에 '-어지다'를, (2)는 '풀다'의 어간에 피동 접사 '-리-'를, (3)은 '작동'에 피동의 뜻을 더하는 '-되다'를 써서 피동 표현을 만들었어요. 참고 171쪽

4. (1) 주어인 은재가 약속 시간을 늦게 한 것이므로 사동문이에요. '늦다'에 사동 표현을 만드는 접사 '-추-'가 붙어 '늦추다'가 되었어요. (2), (3) 주어가 제 힘으로 어떤 일을 하는 것을 나타낸 능동문이에요. (4) 주어인 연우가 친구들에게 어떤 사실을 알게 한 것이므로 사동문이에요. '알다'에 사동 표현을 만드는 접사 '-리-'가 붙어 '알리다'가 되었어요. 참고 172쪽

5. (1) '대피시키다'는 명사 '대피'에 사동의 뜻을 더하는 '-시키다'를 붙여 사동 표현으로 만든 것이에요. (2) '놀라게 하다'는 '놀라다'의 어간에 '-게 하다'를 붙여 사동 표현으로 만든 것이에요. (3) '날리다'는 '날다'의 어간에 사동의 뜻을 더하는 접사 '-리-'를 붙여서 사동 표현으로 만든 것이에요. 참고 172쪽

6. 주어진 조건들은 사동 표현을 만들 때 붙일 수 있는 말이에요. (1)은 사동문에서 새로운 주어로 등장한 '언니가' 동생에게 행동을 하도록(앉도록) 시키는 것이므로 '앉게 하다'로 고쳐요. (2)는 사동문에서 새로운 주어로 등장한 '심판이' 선수에게 행동을 하도록(탈락하도록) 시키는 것이므로 '탈락시키다'로 고쳐요. (3)은 사동문에서 새로운 주어로 등장한 '선생님이' 호영이에게 행동을 하도록(맡도록) 시키는 것이므로 '맡다'에 사동의 뜻을 더하는 접사 '-기-'를 붙여서 '맡기다'로 고쳐요. 참고 172쪽

이해 쏙쏙 184쪽

1. ②	2. ④	3. ㉢
4. ①, ⑤	5. ③	6. ③
7. ㉠ 뵈러 ㉡ 가셨어		8. ①
9. 약속을 지키지 못했다		10. ②

1. 문장의 주성분은 문장을 이루는 데 꼭 필요한 문장 성분이에요. 참고 131쪽

2. 제시된 문장에 쓰인 주성분은 주어, 목적어, 서술어예요. 주어는 '친구가'이고, 서술어는 '만들었다'예요. 참고 132, 133, 134쪽

3. 관형어는 체언을 꾸며 주는 문장 성분이에요. ㉠의 '빨간'은 장미를, ㉡의 '좁다란'은 골목길을, ㉣의 '나의'는 보물을 꾸며 주고 있어요. 참고 138쪽

4. ②의 '뒤뚱뒤뚱'은 용언인 '걷는다'를 꾸미는 부사어예요. ③의 '으악'은 놀람의 뜻을 나타내는 독립어예요. ④의 '시원한'은 뒤에 오는 체언 '음료수'를 꾸미는 관형어예요. 참고 138, 139, 141쪽

5. ③은 '이것은 옷이다'가 '언니가 입던'이라는 관형절을 안은 문장이에요. ①, ⑤는 앞 절이 뒤 절의 '조건'이 되는 종속적으로 이어진 문장이에요. ②는 앞 뒤 절의 순서를 바꾸어도 의미 차이가 없는 대등하게 이어진 문장이에요. ④는 앞 절이 원인, 뒤 절이 결과를 나타내는 종속적으로 이어진 문장이에요. 참고 145, 146, 147쪽

6. 명령의 의미를 나타내는 종결 어미 '-십시오'가 쓰인 명령문이에요. 참고 151쪽

7. ㉠은 목적어인 할아버지를 높여야 하기 때문에 '만

나다'의 높임말인 '뵈다'를 써야 해요. ⓒ은 문장의 주체인 두 분(할머니, 할아버지)을 높여야 하기 때문에 서술어 '가다'에 높임의 뜻을 나타내는 '-시-'를 넣어서 '가시다'라고 해야 해요. 참고 157, 158쪽

8. 시간 표현에서는 시간을 나타내는 말과 서술어가 서로 같은 때를 가리켜야 해요. 제시된 문장 속에 '지난'이라는 과거를 나타내는 말이 쓰였으므로 서술어도 과거를 나타내는 '-았-/-었-'이 쓰인 '받았다'를 써야 해요. 참고 163쪽

9. '못' 부정문 중에서 긴 부정문은 '-지 못하다'를 써서 만들어요. 참고 167쪽

10. 문장의 주체인 채원이가 학교를 대표하는 선수로 '뽑는 행위를 당한' 것이므로 피동 표현을 써야 해요. '뽑다'와 어울리는 접사 '-히-'를 붙여서 '뽑혔다'로 바꿔 써야 해요. 참고 171쪽

지은이 **신수정**

경희대학교에서 국어국문학을 공부했어요. 강사로서 학생들에게 책 읽기와 글쓰기를 가르치다가 출판사에 들어가 편집자로 활동했어요. 책 만드는 일을 하면서, 학생들을 가르쳤던 경험을 바탕으로 초등학생을 위한 맞춤법과 띄어쓰기 학습서 등을 썼어요. 많은 친구들이 우리말과 친해지길 바라며 <초등맞춤법 특공대>, <받아쓰기 만점왕> 등을 썼어요.

오! 놀라운
초등국어
문법왕

초판 1쇄   2020년 12월 5일
초판 2쇄   2021년   7월 10일

지은이_신수정
기획·편집_권민서, 김효수   일러스트_안나영, 이창우   디자인_손미나, 원더랜드(Wonderland)

발행인_이중우
펴낸곳_도서출판 다다북스
출판등록_제2020-000095호
주소_서울시 강서구 등촌로 191, 3층   www.dadabooks.co.kr   mail@dadabooks.co.kr

© 신수정, 2020

ISBN   979-11-971562-2-9 63710